2022 L'ANNÉE DU RUGBY

GRÉGORY LETORT
PHILIPPE KALLENBRUNN

MARABOUT

LA SAISON DE TOUTES LES ÉMOTIONS

Ma dernière saison de rugbyman s'est conclue en apothéose par le titre de champion de France avec Montpellier. Même si j'ai été déçu de quitter le terrain trop tôt sur une présomption de commotion cérébrale – alors que je me sentais apte à revenir en jeu –, j'ai disputé les plus belles minutes de la finale, au cours desquelles nous marquons 3 essais lors du premier quart d'heure. Je pars soulagé, apaisé, avec le sentiment du devoir accompli. Dans la préparation de ce dernier match, j'ai ressenti beaucoup d'émotions. Si ma fille Maylis avait déjà eu l'occasion de me voir jouer au Stade de France, c'était la première fois pour mon fils Liam, 4 ans. Symboliquement, c'était fort.

La semaine entre la demi-finale remportée contre Bordeaux (19-10) à Nice et la finale du Top 14 est passée à 200 à l'heure. Nous nous sommes peu entraînés, nous avons passé beaucoup de temps à récupérer. Dès le mercredi après-midi, avec l'équipe, nous sommes montés en train à Paris. Même si certains experts ne nous voyaient pas aller loin, nous sommes entrés dans notre bulle pour cette phase finale. Nous étions sûrs de nos forces. Après la finale, Philippe Saint-André a osé nous dire : « On se met sur le toit pendant une semaine ! » Avec la bringue que nous avons faite, je peux témoigner du fait que nous avons suivi sa consigne à la lettre…

Quelque chose s'était créé entre nous lors de notre victoire en Challenge Cup la saison d'avant. Pendant notre stage de présaison en Corse, j'ai senti que nous allions réussir. Philippe Saint-André avait préparé un petit groupe de leaders. Les réunions dégageaient énormément d'enthousiasme et d'envie. Notre objectif était de terminer parmi les quatre premiers. Nous l'avions annoncé devant les coachs pour responsabiliser tout le groupe, même si le championnat est de plus en plus dur. Je l'ai répété chaque année, mais ce n'est pas une banalité. À trois journées de la fin, cette saison, neuf équipes étaient encore potentiellement qualifiables.

Pour moi, elle a été plus que rocambolesque. Je suis passé par tous les états. Début septembre, lors de la 1re journée, je me suis blessé à Toulon. Une rupture du tendon du biceps du bras droit. C'est la deuxième fois que je me blessais gravement en revenant jouer à Mayol avec Montpellier. Comme si le destin me disait que je n'aurais pas dû quitter la Rade. Je me fais opérer rapidement et je me retrouve sur le carreau. Pendant la convalescence, je me suis posé pas mal de questions. À 35 ans, aurai-je les capacités physiques pour revenir? J'avais le mental, mais je ne savais pas comment mon corps allait réagir. En réalité, je n'avais qu'une hâte : arriver au mois de décembre pour rejouer. Je connaissais le calendrier exact des matchs qui me restaient. Mais je n'étais pas au bout de mes surprises.

J'ai repris à Exeter, en Coupe d'Europe, le 11 décembre. Dans l'avion du retour, je me sens très fatigué. Je fais même une petite sieste alors que je ne dors quasiment jamais. Le surlendemain, le docteur du club m'appelle pour m'annoncer que j'ai attrapé le Covid. Je reste enfermé dans ma chambre pendant dix jours. Le 2 avril a été un autre temps fort de la saison : mon retour au stade Aimé-Giral de Perpignan, dont je n'avais plus foulé la pelouse depuis mon départ du club pour Toulon, en 2014.

Je suis une personne très organisée. Cette dernière saison, je l'ai planifiée il y a déjà trois ans. Lors de la saison 2018-2019, je devais négocier mon dernier contrat. J'avais 33 ans, je savais que j'allais arrêter l'équipe de France à l'issue de la Coupe du monde 2019 et que je pourrais me consacrer exclusivement à mon club. Toulon m'a proposé de rester, un club dans lequel j'ai vécu énormément de belles choses en cinq ans. Mais j'ai été dragué par Vern Cotter qui m'a convaincu de signer à Montpellier. Il voulait me challenger, voir si j'étais capable de relancer une dernière fois ma carrière après tout ce que j'avais déjà connu. Je savais qu'à la fin de ce dernier contrat, j'aurais 36 ans, et qu'il serait temps d'arrêter. Dans ma tête, tout était calé. Et je ne pouvais pas rêver d'une plus belle fin.

SOMMAIRE

SOMMAIRE

LE RUGBY EST UNE QUÊTE

Le rugby et ses rebonds. Ils sont liés à la geste de ce jeu, mais, cette année peut-être plus que jamais, ils auront façonné la trame d'une saison. Oui, ce fut une année de renaissance. La résilience : un fil rouge, brodé sur du bleu notamment.

Celui du XV de France, revenu de très loin, de ses déceptions, de ses humiliations et de ses défaites encourageantes, pour renaître au sommet du rugby mondial. Les Français ont commencé par vaincre à l'automne les All Blacks et mettre fin à une série noire de quatorze défaites depuis 2009 contre les triples champions du monde. L'acte fondateur d'une génération décidément déterminée à écrire son histoire dans le sillage d'Antoine Dupont, élu meilleur joueur du monde par World Rugby et succédant alors à Thierry Dusautoir, l'ancien capitaine récompensé en 2011, et Fabien Galthié, l'ancien demi de mêlée de cette équipe primé en 2002…

Après l'automne radieux, ce fut le printemps fin mars : douze ans après, la France a retrouvé le sourire dans le Tournoi des 6 Nations, arrachant un Grand Chelem, le dixième de l'histoire du rugby tricolore. Et puis, ce fut un nouvel été pour les Bleus : en juillet, au Japon, les dépositaires du maillot tricolore ont signé une dixième victoire de rang pour finir l'année invaincus et égaler un record établi par le XV de France… en 1937.

Au rugby, cette saison 2022 aura bien été celle de ceux qui n'ont jamais cessé d'y croire, jamais cessé de se battre et de s'entraîner pour embrasser leurs objectifs. Celle de ceux qui ont su dominer leur déception pour, enfin, sourire.

Ainsi, un an après deux finales perdues, La Rochelle a terrassé le Leinster pour décrocher sa première étoile en Champions Cup. Ainsi, le Montpellier Hérault Rugby (MHR) du revenant Philippe Saint-André a fini par graver son nom sur le bouclier de Brennus, trente-six ans après la naissance du club et après deux finales perdues. Après onze années riches en désillusions à la tête du MHR, Mohed Altrad a atteint son but.

Comme un symbole, le premier essai de la finale contre Castres fut signé Arthur Vincent, diamant du centre de formation. Lui aussi est revenu de loin : huit mois plus tôt, il se blessait gravement. Un premier titre pour offrir une sortie royale à Fulgence Ouedraogo, l'homme d'un seul club; Guilhem Guirado, champion trop souvent maudit; ou Benoît Paillaugue, qui méritait de sécher ses larmes, onze ans après avoir échoué à conquérir le Brennus face à Toulouse… Et dire qu'un an plus tôt, cette équipe jouait sa peau.

Et puis, il y a aussi Bayonne, envoyé en Pro D2 en juin 2021 après une défaite contre Biarritz dans le derby du siècle, qui – après une saison marathon – a repris sa place dans l'élite à la faveur d'une finale grandiose contre Mont-de-Marsan. En Nationale, c'est Soyaux Angoulême qui a aussi pris l'ascenseur avec le champion Massy, plus qu'un grand club formateur.

Par définition, puisque le triomphe est l'exception, il y a derrière ces succès des échecs encore plus nombreux : des clubs ambitieux privés de gloire, un XV de France féminin qui court encore après son Grand Chelem… Puisse le tableau d'honneur de cette saison leur rappeler qu'au rugby, après la pluie peut très vite venir le beau temps. Et aiguiser ainsi une foi en leur histoire.

Cette saison aura été belle, triste par ses drames et ses disparitions, émouvante par ses triomphes et ses adieux au jeu. Et prometteuse parce qu'elle sera une base pour la suite : pour réussir des exploits, enrichir des souvenirs, modeler des rêves.

Le rugby est une quête. Ici racontée.

COUPE D'AUTO
DES NA
TIONS

OMNE

A

ASSOCIATION LIQUIDÉE

Romain Ntamack ou Matthieu Jalibert ? Le duel auquel se livrent les deux ouvreurs des Bleus passionne. Face aux Pumas, Fabien Galthié tranche : ce sera Ntamack ET Jalibert. Le premier reculant au poste de centre. Jusqu'à cette rencontre, Jalibert et Ntamack n'ont partagé que neuf minutes sous le maillot frappé du coq, en février 2020, à Cardiff, face au pays de Galles : le Bordelais était entré à l'arrière alors que le Toulousain était titulaire à l'ouverture.

Sur le papier, l'association des deux animateurs de l'attaque tricolore promet beaucoup. Dans les faits, ils déçoivent. Pas de liant (ils ne se font que deux passes), peu d'étincelles. Pire, Jalibert fête son anniversaire en offrant un essai cadeau au demi de mêlée Tomás Cubelli. Dans la foulée, Ntamack se voit pénalisé pour un ballon gardé au sol. Et quand ce dernier glisse à l'ouverture pour un lancement de jeu sur touche, juste avant la pause, le mouvement manque de fluidité.

Le jeu au pied offensif des Bleus n'est guère plus brillant. Et la sortie du Toulousain, peu après la reprise, indique que le staff des Bleus en a assez vu pour cette fois. Jalibert rattrape quand même sa bourde de la première période en servant à hauteur Thibaud Flament pour le premier essai tricolore, puis en relevant le ballon pour envoyer Peato Mauvaka dans l'en-but en fin de match. La paire sera reconduite une semaine plus tard contre la Géorgie. Mais plus jamais ensuite.

6 NOVEMBRE 2021
STADE DE FRANCE
SAINT-DENIS

MATTHIEU JALIBERT,
en piste l'artiste!

COUPE
D'AUTOMNE
DES NATIONS
FRANCE
ARGENTINE
29-20

6 NOVEMBRE 2021
STADE DE FRANCE
SAINT-DENIS

EN ATTENDANT LES ALL BLACKS

Quatre mois après avoir frôlé l'exploit de remporter la tournée d'été en Australie avec un groupe remanié, le XV de France lance les tests d'automne contre l'Argentine le 6 novembre, le 53e match entre les deux nations. Et même si la *grinta* des Pumas demeure un sujet de préoccupation, les regards sont déjà tournés vers le grand rendez-vous qui se tiendra quinze jours plus tard au Stade de France : le premier match des Bleus version Fabien Galthié face à la Nouvelle-Zélande. En l'absence de Charles Ollivon, blessé, Antoine Dupont est désigné nouveau capitaine. Pour affronter l'Argentine, Galthié reconduit Melvyn Jaminet à l'arrière, qui a séduit contre les Wallabies ; associe Romain Ntamack, premier centre, à Matthieu Jalibert, ouvreur ; et donne sa chance au deuxième ligne Thibaud Flament.

Comme toujours face aux Pumas, la rencontre est crispante, accrochée, brouillonne. Seule l'adresse au but de Jaminet, futur homme du match, permet aux Bleus d'atteindre la mi-temps avec un mince avantage (9-7). Les 55 000 spectateurs du Stade de France doivent attendre le rush spectaculaire du bizut Flament et son essai pour s'enthousiasmer un peu. Les Bleus, eux, chassent leurs vieux démons du money time. Par le passé, la mauvaise gestion des fins de match au score serré leur a coûté cher : deux fois en Angleterre, contre l'Écosse à Saint-Denis, et encore à deux reprises en Australie. Là, la France mène de 6 points, elle vient d'encaisser un essai de Mateo Carreras et il reste deux minutes. Elle maîtrise la situation en conservant parfaitement le ballon et finit même par obtenir une pénalité convertie par Jaminet. Les Bleus ne jouent pas le match de leur vie, semblent manquer de repères collectifs, mais ils remportent une quatrième victoire de rang face aux Pumas, qui n'ont plus battu les Bleus depuis le 19 juin 2016, à Tucumán. Et, surtout, cet épilogue rassure.

En attendant les All Blacks, les Tricolores reçoivent la Géorgie le 14 novembre à Bordeaux, la deuxième rencontre de l'histoire seulement entre les deux nations après la large victoire du XV de France face aux Lelos (7-64) lors de la Coupe du monde 2007. Pour ménager son monde avant la Nouvelle-Zélande, Galthié procède à six changements dans le XV de départ, dont cinq dans un pack où Grégory Alldritt – remplaçant face à l'Argentine – retrouve son poste de nº 8. Largement favoris contre la sélection menée par Levan Maisashvili, qui aligne quatorze joueurs évoluant dans les championnats français, les Bleus plient la rencontre dès la première mi-temps (24-3). Désigné homme du match, Damian Penaud frappe à deux reprises. Quant au Bordelais Matthieu Jalibert, il inscrit, devant son public, son premier essai international. Les Bleus s'imposent (41-15) sans rendre une copie parfaite. Six jours plus tard, ils montreront pourtant face au All Blacks combien ils peuvent être de brillants élèves.

14 NOVEMBRE 2021
MATMUT ATLANTIQUE
BORDEAUX

SEKOU MACALOU,
réception sans encombre

D'UNE LIGNE À L'AUTRE

Alors que le XV de France nourrit l'ambition de se renouveler en imposant son jeu, après plusieurs saisons bâties sur une stratégie de « dépossession », il échoue à le faire sur la durée face aux Lelos. Solide en conquête et dévastatrice sur ballons portés (3 des 6 essais marqués sur cette phase de jeu), la sélection tricolore ne convainc pas encore dans la conduite du match, évoluant plutôt en bande désorganisée. Mais chaque test international recèle cependant son lot de bonnes nouvelles.

Elle vient ici de Cameron Woki, au profil aérien et longiligne (1,96 m, 109 kg), qui éclate au poste inattendu de deuxième ligne. Replacé dans la cage, le flanker bordelais impressionne – dans ce costume réservé aux tâches obscures – par sa mobilité, son endurance et ses qualités défensives. Il porte haut, aussi, sa fonction de capitaine de touche. Celui dont le statut chez les Bleus a changé lors de la tournée en Australie n'a pourtant jamais porté le nº 4 au cours de sa carrière.

En fin de match face à l'Argentine, une semaine auparavant, il était déjà monté en deuxième ligne avec la même réussite. Son replacement offre de nouvelles perspectives au staff des Bleus qui peut désormais envisager de densifier sa troisième ligne, en associant par exemple Grégory Alldritt et Anthony Jelonch, comme il le fait face à la Géorgie.

14 NOVEMBRE 2021
MATMUT ATLANTIQUE
BORDEAUX

CAMERON WOKI, une cote en hausse

COUPE
D'AUTOMNE
DES NATIONS

FRANCE
NOUVELLE-ZÉLANDE
40-25

20 NOVEMBRE 2021
STADE DE FRANCE
SAINT-DENIS

FRANÇOIS CROS,
à la pêche au ballon

COUPE
D'AUTOMNE
DES NATIONS

FRANCE
NOUVELLE-ZÉLANDE
40-25

20 NOVEMBRE 2021
STADE DE FRANCE
SAINT-DENIS

LE GRAND SOIR

Dans un Stade de France comble et bouillant, le feu tricolore terrasse les All Blacks. La Nouvelle-Zélande encaisse même la plus lourde défaite de son histoire face aux Bleus, qui survolent les débats comme rarement dans un test-match disputé entre les deux nations. Qui l'aurait cru après les deux prestations en demi-teinte contre l'Argentine et la Géorgie ? Ce 20 novembre 2021, le XV de France de Fabien Galthié, grand admirateur du jeu des All Blacks, affronte la Nouvelle-Zélande pour la première fois et il enthousiasme par sa hargne au sol, son intelligence tactique, ses prises d'intervalle et sa volonté collective de marquer les esprits à deux ans du match d'ouverture de la Coupe du monde, le 8 septembre 2023, face aux acteurs du haka.

Peu après le coup d'envoi donné par l'arbitre anglais Wayne Barnes, et à la suite d'un jeu au pied malencontreux de Jordie Barrett, Peato Mauvaka aplatit en force le premier essai sur un ballon porté sur touche. Cueillis à froid, les Néo-Zélandais ne sont pas encore groggy, mais la dynamique et l'initiative ne connaissent qu'un camp. Après 2 pénalités de Barrett, Romain Ntamack sonne la charge et marque le deuxième essai en se jouant de la défense des All Blacks vêtus de blanc. Malgré un manque de maîtrise dans leurs lancers en touche – seul travers de la première période –, les Tricolores, comme dans un rêve, plantent un troisième essai par Mauvaka, copie conforme du premier.

Et, puisque le buteur Melvyn Jaminet – Monsieur 100 % – passe tout entre les perches, le score enfle autant que l'incrédulité sur les visages néo-zélandais. 24-6 au repos : on s'en frotte les yeux, car si les All Blacks ne sont pas champions du monde tous les quatre ans, ils restent les meilleurs entre deux Coupes du monde. Ils se présentent aussi à Saint-Denis forts de 98 essais inscrits dans la saison, un record en une année internationale. Et ils n'ont plus perdu contre les Tricolores depuis 2009 !

À la reprise, la Nouvelle-Zélande propose un jeu plus direct qui déstabilise la France. Les

COUPE
D'AUTOMNE
DES NATIONS

FRANCE
NOUVELLE-ZÉLANDE
40-25

20 NOVEMBRE 2021
STADE DE FRANCE
SAINT-DENIS

essais de Barrett et Rieko Ioane punissent ce relâchement des Bleus, alors que le staff tricolore vient de procéder à trois remplacements – Cyril Baille, Uini Atonio, Paul Willemse – dans le cinq de devant. Savea claque même un troisième essai et ramène les siens à 2 points. Un frisson d'inquiétude parcourt le Stade de France… Mais la relance monumentale de Ntamack depuis son en-but à l'heure de jeu, alors que les All Blacks menacent une fois de plus le camp tricolore, ravive l'espoir. Il faut voir et revoir ce chef-d'œuvre.

Arrivé en couverture pour récupérer un ballon botté dans la ligne d'en-but des Bleus, le Toulousain, plutôt que d'aplatir ou de dégager au pied sous la pression, raffûte Richie Mo'unga, dépose Barrett et file le long de la ligne de touche. Sur ses 22 mètres, Ntamack achève son festival en délivrant une passe aveugle à Jaminet. L'arrière des Bleus avale l'espace qui s'offre à lui avant de servir Antoine Dupont à l'intérieur. C'est le tournant du match. Au bout de cette action magique, le buteur tricolore réussit une nouvelle pénalité, qui redonne 5 points d'avance aux Bleus, et un carton jaune punit Savea. Peu après, Damian Penaud intercepte le ballon de la gagne pour signer le quatrième essai des Bleus, au mental à toute épreuve.

Cabossés en Irlande une semaine plus tôt (défaite 29-20) et privés de leur ouvreur Beauden Barrett face aux Bleus, les All Blacks n'avaient jamais perdu deux fois d'affilée contre une sélection de l'hémisphère nord en plus de vingt ans de rugby professionnel. L'exploit français augure un avenir d'autant plus radieux que le XV de départ aligné par Galthié, avec Ntamack à l'ouverture et Jonathan Danty au centre, affiche 25 ans et 18 sélections de moyenne seulement. *« C'est un moment important dans notre parcours*, commente à chaud le sélectionneur, l'un des héros de la demi-finale de légende de la Coupe du monde 1999 remportée par la France contre les All Blacks à Twickenham. *C'est notre vingtième match en commun, c'était un moment important pour continuer à vivre aussi intensément ce rugby international. C'est un grand moment pour les joueurs, ils peuvent prendre confiance. »*

LES FLEURS DU MAUL

LE SOUVENIR DE SON PREMIER MATCH CONTRE LES ALL BLACKS RESTERA LONGTEMPS DANS LA MÉMOIRE DE PEATO MAUVAKA. INVITÉ DANS LE XV DE DÉPART APRÈS LA BLESSURE DE SON COÉQUIPIER JULIEN MARCHAND CONTRE LA GÉORGIE, LE TALONNEUR DU STADE TOULOUSAIN (24 ANS) S'OFFRE EN EFFET UN DOUBLÉ POUR SA NEUVIÈME SÉLECTION, EN CONVERTISSANT DEUX BALLONS PORTÉS PAR LE PACK TRICOLORE APRÈS TOUCHE. À CHAQUE FOIS, IL EMPLOIE LA BONNE RECETTE, DÉPLOYÉE À PARTIR D'UN CENTRE DE GRAVITÉ TRÈS BAS : UN SAVANT DOSAGE DE PLACEMENT, DE PATIENCE, DE PUISSANCE ET D'EXPLOSIVITÉ PRÈS DE LA LIGNE D'EN-BUT.

PLUS INCROYABLE ENCORE? LE NÉO-CALÉDONIEN AVAIT DÉJÀ FRAPPÉ DEUX FOIS DE LA SORTE CONTRE LA GÉORGIE LE WEEK-END PRÉCÉDENT. ET COMME IL AVAIT AUSSI PUNI LA DÉFENSE DE L'ARGENTINE AU TERME D'UN RUSH D'UNE DIZAINE DE MÈTRES, MAUVAKA TERMINE LA TOURNÉE D'AUTOMNE AVEC 5 ESSAIS, AU RANG DE MEILLEUR MARQUEUR DES BLEUS!

D'ABORD COUVÉ PAR WILLIAM SERVAT À TOULOUSE, QUI LUI FAIT ENSUITE CONFIANCE CHEZ LES BLEUS, CE JOUEUR PRÉCIEUX DÉMONTRE QU'IL PEUT ÊTRE MIEUX QU'UN FINISSEUR. UN RÔLE QUI LUI SIED SI BIEN SELON FABIEN GALTHIÉ, SÉDUIT PAR SA TONICITÉ ET SA SOLIDITÉ EN MÊLÉE FERMÉE.

DÉSIGNÉ HOMME DU MATCH FACE AUX NÉO-ZÉLANDAIS, PEATO MAUVAKA SE MONTRE ÉMU AUX LARMES DEVANT LES CAMÉ-

20 NOVEMBRE 2021
STADE DE FRANCE
SAINT-DENIS

PEATO MAUVAKA,
cauchemar des All Blacks

RAS. « C'ÉTAIT UN RÊVE DE JOUER CONTRE L'ÉQUIPE FAVORITE DE MON PÈRE, PEINE-T-IL À EXPLIQUER. JE NE POURRAI PAS DÉCRIRE MES ÉMOTIONS. »

LE 16 DÉCEMBRE 2018, SOANE PATITA, SON PÈRE, EST BRUTALEMENT DÉCÉDÉ. MALHEUREUSEMENT, MAUVAKA N'A PAS PU RENTRER EN NOUVELLE-CALÉDONIE POUR LES OBSÈQUES : IL ALLAIT CONNAÎTRE QUELQUES JOURS PLUS TARD SA PREMIÈRE TITULARISATION AVEC LES ROUGE ET NOIR EN TOP 14, SUR LA PELOUSE DE CLERMONT-FERRAND.

COUPE D'AUTOMNE DES NATIONS

FRANCE NOUVELLE-ZÉLANDE 40-25

20 NOVEMBRE 2021
STADE DE FRANCE
SAINT-DENIS

DAMIAN PENAUD & CIE,
des Bleus heureux

MEILLEUR JOUEUR DU MONDE

Auréolé d'une saison 2021 ponctuée de deux titres avec le Stade toulousain – en Coupe d'Europe et en Top 14 – et d'une victoire retentissante en novembre avec le XV de France contre la Nouvelle-Zélande en portant les galons de capitaine à la place de Charles Ollivon, blessé, Antoine Dupont est désigné meilleur joueur du monde le 10 décembre 2021. Il devance le deuxième ligne anglais Maro Itoje et deux Australiens, le troisième ligne Michael Hooper et le centre Samu Kerevi. Il est aussi le seul Bleu à figurer dans l'équipe type mondiale 2021, aux côtés de cinq Sud-Africains et de trois Néo-Zélandais.

À 25 ans, l'enfant de Castelnau-Magnoac (Hautes-Pyrénées) est le troisième Français à obtenir cette distinction : l'ancien demi de mêlée et actuel sélectionneur du XV de France Fabien Galthié avait été récompensé en 2002, et l'ancien troisième ligne Thierry Dusautoir en 2011. Dupont succède au troisième ligne sud-africain Pieter-Steph du Toit, couronné en 2019. En raison de la pandémie de Covid-19, le titre de meilleur joueur du monde n'avait en effet pas été attribué en 2020.

À nouveau capitaine des Bleus lors du Tournoi 2022, le prodige du rugby tricolore mène les siens au Grand Chelem et se voit élu meilleur joueur de la compétition. Le demi de mêlée avait déjà reçu cette distinction en 2021. Il est le troisième joueur à avoir reçu plusieurs fois le trophée de meilleur joueur des 6 Nations, après l'Irlandais Brian O'Driscoll (2006, 2007 et 2009) et l'Écossais Stuart Hogg (2016 et 2017). Une trajectoire phénoménale pour l'ex-Castrais depuis sa première sélection, en Italie, le 11 mars 2017, et qui avait vécu neuf de ses onze premières sélections dans la peau d'un remplaçant.

ANTOINE DUPONT,
homme à tout gagner

TOURN

NATIO

IOI

DES 6

NS

TOURNOI
DES 6 NATIONS

FRANCE
ITALIE
37-10

6 FÉVRIER 2022
STADE DE FRANCE
SAINT-DENIS

ANTHONY JELONCH,
running in the rain

LES TROIS FLÈCHES

Sans Fabien Galthié, positif au Covid, mais auréolés de leur victoire retentissante face aux All Blacks en novembre, les Bleus lancent l'opération Grand Chelem contre l'Italie au Stade de France. Ils assurent l'essentiel sous une pluie battante en décrochant un succès bonifié.

Avec 27 points d'écart, les coéquipiers d'Antoine Dupont signent le plus large succès du XV de France sur les Transalpins à domicile dans le Tournoi (37-10) et s'emparent, déjà, de la 1re place du classement. Les Tricolores ont grappillé ce précieux point de bonus grâce au troisième essai de Gabin Villière (82e minute), à la suite d'un ballon porté sur pénaltouche, l'une de leurs armes favorites désormais.

Une juste récompense pour l'ailier des Bleus, qui inscrit là le premier triplé de sa carrière internationale. Casqué de rouge, le Toulonnais, formé à Vire (Calvados), où il évoluait au poste de demi de mêlée, s'est imposé en sélection après avoir éclos à Rouen et en équipe de France à VII. Son parcours atypique, lui qui a échappé à toutes les sélections chez les jeunes, a forgé son terrible caractère.

Sur le terrain, Villière se transforme en animal : il plaque, il gratte, il dézone. Fils d'un bon boxeur amateur, l'art du combat campe dans ses gênes. De son paternel, il a aussi hérité de grandes mains, bien utiles pour ferrailler dans les rucks, où il excelle. Il sera victime d'une fracture du sinus face à l'Irlande une semaine plus tard. Cela ne l'empêchera pas de jouer... tout le match.

6 FÉVRIER 2022
STADE DE FRANCE
SAINT-DENIS

GABIN VILLIÈRE,
le finisseur casqué

TOURNOI
DES 6 NATIONS

FRANCE
IRLANDE
30-24

12 FÉVRIER 2022
STADE DE FRANCE
SAINT-DENIS

LE DIXIÈME GRAND CHELEM DES BLEUS

Après douze ans de pénurie, le XV de France de Fabien Galthié assure la relève des Bleus de Marc Lièvremont, en réussissant le dixième Grand Chelem du rugby tricolore (1968, 1977, 1981, 1987, 1997, 1998, 2002, 2004, 2010 et 2022). « *Nous étions un géant qui dormait*, résume le sélectionneur, qui prolonge son contrat jusqu'en 2027 dans la foulée. *Nous sommes redevenus un géant.* » L'heureux dénouement du Tournoi des 6 Nations se déroule le 19 mars au Stade de France, où les Tricolores ne tremblent pas devant l'enjeu face à l'Angleterre (25-13). Trois essais de Gaël Fickou, François Cros et Antoine Dupont punissent notamment le jeu minimaliste des hommes d'Eddie Jones, fantômes d'un XV de la Rose tristement fané.

Malgré leur parcours sans faute quatre victoires contre l'Italie (37-10), l'Irlande (30-24), l'Écosse (17-36) et le pays de Galles (9-13) –, les Tricolores n'avaient pas le droit de se relâcher pour ce Crunch. La victoire bonifiée de l'Irlande face à l'Écosse (26-5) venait en effet de propulser provisoirement le XV du Trèfle en tête du classement, avec 3 points d'avance. Les Français devaient par conséquent absolument s'imposer pour remporter le Tournoi d'abord et, récompense suprême, accomplir le Grand Chelem.

Insensibles à la pression, ils ont su mener leur barque jusqu'au bout. « *C'était notre 25e match*, relève Galthié, minutieux comptable des étapes franchies dans sa "flèche du temps". *Le 46e sera la finale de la Coupe du monde en France.* » Ce Grand Chelem, son quatrième après les trois réussis en tant que joueur (1997, 1998 et 2002), porte sa griffe. « *Il est très pointilleux sur beaucoup de choses dont la plupart des joueurs n'avaient jamais entendu parler avant* », confie l'ouvreur Romain Ntamack durant le Tournoi. Celle, aussi, de l'Anglais Shaun Edwards, coach de la défense tricolore, qui, en plus de son organisation collective, inculque aux Bleus la science de la guerre des rucks. Deux autres caractéristiques du jeu français marquent le Tournoi : la longueur de leur jeu au pied et la fulgurance de leurs contre-attaques, par lesquelles ils sont capables de faire mouche en quelques secondes.

Dans cette édition 2022, le grand rival des Bleus est vert. Le sommet France-Irlande, hasard

TOURNOI
DES 6 NATIONS

FRANCE
IRLANDE
30-24

12 FÉVRIER 2022
STADE DE FRANCE
SAINT-DENIS

UINI ATONIO ET JULIEN MARCHAND, portes fermées

du calendrier, se joue dès la 2e journée. Le XV du Trèfle n'a plus perdu depuis sa chute à Dublin, il y a un an, face aux Bleus (13-15). Il se présente le 12 février au Stade de France fort de neuf victoires consécutives, dont les deux dernières particulièrement probantes sur ses terres contre les All Blacks en novembre (29-20) et face aux Gallois lors de l'ouverture du Tournoi (29-7). Si bien que même le forfait de l'ouvreur Jonathan Sexton, secondé par Joey Carbery, ne semble pas faire naître l'ombre d'une inquiétude dans le camp des hommes dirigés par l'Anglais Andy Farrell. Sous les yeux de l'arbitre australien Angus Gardner, les Verts subissent la loi des Bleus au cours d'une première période entamée tambour battant par un essai de l'inévitable capitaine Dupont, au bout d'une minute et huit secondes de jeu.

Prendre vite le score, c'est d'ailleurs l'une des marques de fabrique de cette équipe de France. Depuis le début du mandat Galthié, elle a inscrit 18 % de ses points avant la 10e minute et 60 % de ses points durant le premier acte. Très tôt dans le match, les Bleus remportent les duels, dominent les rucks, privent les Irlandais de munitions, imposent un pressing défensif de tous les instants. Les coéquipiers de James Ryan, décontenancés, enchaînent les fautes sous la pression (8 pénalités concédées avant la mi-temps). Et le buteur Melvyn Jaminet les punit à quatre reprises pour faire virer les Bleus en tête au repos avec une confortable avance (19-7).

Hélas, à l'image du trou d'air qu'ils avaient vécu au même moment de la partie contre la Nouvelle-Zélande, les Tricolores, pourtant avertis, laissent leurs hôtes revenir dans le match. Soudain, leurs montées défensives sont moins agressives, moins coordonnées, et des brèches se créent sur la ligne d'avantage, dans lesquelles s'engouffrent ces Irlandais qui ne s'avouent jamais vaincus. Deux essais coup sur coup de Josh van der Flier et Jamison Gibson-Park rebattent totalement les cartes (22-21 à la 50e). Mais ce XV de France possède un mental d'acier, une force collective qu'on ne lui connaissait plus, et il se remobilise au plus fort de la tempête. L'essai de Cyril Baille (54e), à la récupération d'un ballon éjecté d'un ruck à vingt mètres de l'en-but irlandais, lui redonne l'oxygène nécessaire pour gagner.

TOURNOI
DES 6 NATIONS

ÉCOSSE
FRANCE
17-36

26 FÉVRIER 2022
MURRAYFIELD STADIUM
ÉDIMBOURG

DAMIAN PENAUD,
super(rugby)man

À TIRE D'AILE

Gabin Villière forfait, Fabien Galthié titularise Yoram Moefana sur l'aile gauche de l'attaque française. Le trois-quarts bordelais justifie la confiance que lui accorde le sélectionneur en marquant le deuxième des 6 essais des Bleus à Murrayfield.

Originaire de Futuna en Polynésie, ce joueur vif et explosif débarque dans l'Hexagone à l'âge de 13 ans, en suivant son oncle Tapu Falatea qui vient alors jouer pour Limoges. Il évolue d'abord dans la capitale de la porcelaine puis accompagne son aîné à Colomiers, avant d'être recruté par l'Union Bordeaux Bègles (UBB) en 2019. Galthié l'appelle déjà lors de la Coupe d'Automne 2020 et lui offre sa première titularisation contre l'Angleterre à Twickenham. Une vraie surprise. Mais ses cuisses imposantes, ses appuis, sa dextérité en font vite un postulant crédible à la sélection tricolore.

Moefana prend part à la démonstration des Bleus à Édimbourg. Les coéquipiers de l'intenable Antoine Dupont, battus l'année dernière par le XV du Chardon au Stade de France (23-27), prennent une revanche éclatante (17-36) en démontrant leur aisance à sortir des zones d'affrontement pour mieux attaquer au large en profitant des déséquilibres dans l'organisation adverse.

À Murrayfield, les Bleus cartonnent en n'ayant le ballon que 41 % du temps. Ils plaquent 177 fois, là où les Écossais le font à 78 reprises. Très forts! Moefana, lui, s'apprête à être reconduit face au pays de Galles, à la place de Damian Penaud, positif au Covid. Sur l'autre aile, cette fois.

26 FÉVRIER 2022
MURRAYFIELD STADIUM
ÉDIMBOURG

YORAM MOEFANA,
haut potentiel

TOURNOI
DES 6 NATIONS

PAYS DE GALLES
FRANCE
9-13

11 MARS 2022
MILLENNIUM STADIUM
CARDIFF

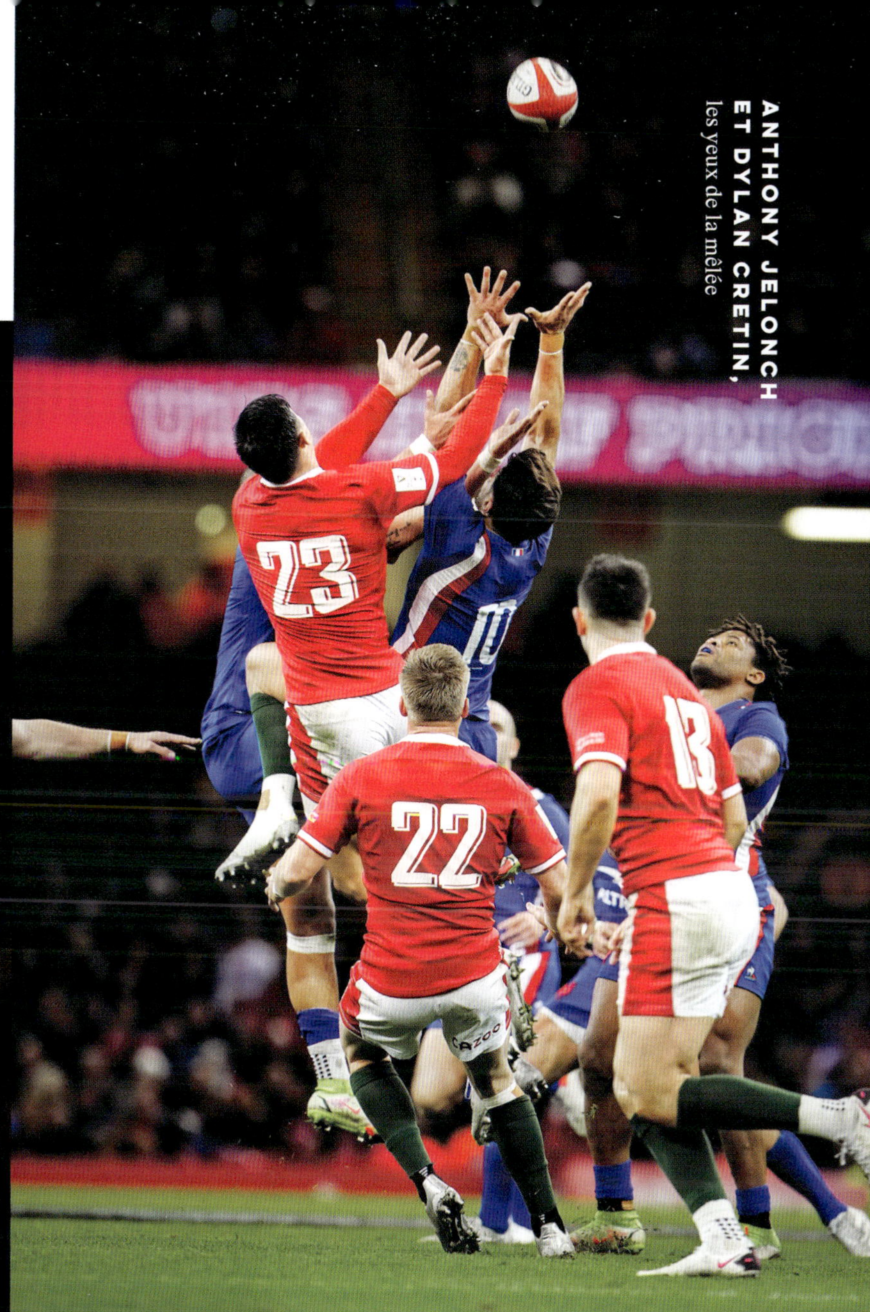

ANTHONY JELONCH ET DYLAN CRETIN, les yeux de la mêlée

LA PALETTE TRICOLORE

Au pays de Galles, tenant du titre, le XV de France démontre son talent de caméléon. « On doit être capables de s'adapter n'importe quand et n'importe où », a d'ailleurs prévenu Fabien Galthié. Le Covid privant les Bleus de Damian Penaud et de Romain Taofifenua, le sélectionneur revoit ses plans en composant un banc à cinq avants et trois arrières, au lieu de son « 6+2 » préférentiel. Les « gros » redoubleront donc d'efforts pour gagner à nouveau la bataille physique et au ras du sol, cette recette qui leur avait permis, en 2020, de s'imposer à Cardiff (23-27), l'un des actes fondateurs du groupe.

Comme à leur habitude, les Bleus frappent d'entrée : après une pénalité de Melvyn Jaminet, un essai d'école marqué par Anthony Jelonch conclut un mouvement haletant. Mais, au beau milieu des flammes de l'enfer du Millennium Stadium, ce sera cette fois le seul éclair. La suite ? Plutôt qu'une souffrance collective pour des Bleus privés d'espaces et de munitions, une master class de la défense tricolore, hargneuse à souhait, dont les Gallois cherchent en vain à faire sauter le verrou jusqu'au bout.

La France l'emporte sur un tout petit score (9-13) et la palette tricolore s'élargit encore : les Bleus savent maintenant dicter leur loi de toutes les manières, dans la fulgurance comme dans la besogne. Et les voilà qui s'offrent une finale de rêve pour le Grand Chelem une semaine plus tard, au Stade de France, face à l'Angleterre.

11 MARS 2022
MILLENNIUM STADIUM
CARDIFF

PAUL WILLEMSE,
artisan de la muraille bleue

LA CLÉ DE SOL

Titulaire lors du Tournoi, ne manquant que le choc face à l'Irlande, Jonathan Danty relance complètement sa carrière internationale à 29 ans. « Fatou », son surnom, reconnaît lui-même qu'il avait « fait une croix » sur le XV de France après la Coupe du monde 2019 – qu'il n'avait pas disputée.

Mais la Coupe d'Automne 2020 a changé la donne. Fabien Galthié, contraint de renoncer à sélectionner les tauliers du poste – Gaël Fickou, Arthur Vincent et Virimi Vakatawa – en raison des accords passés avec la Ligue nationale de rugby, lui donne une nouvelle chance, le 28 novembre, contre l'Italie. Il marque un essai et les Tricolores s'imposent (36-5). Ces derniers manquent ensuite de créer l'exploit une semaine après en Angleterre (défaite 22-19 en prolongation) et le Parisien, convaincant, revient en grâce. Le staff des Bleus le rappelle pour la tournée en Australie à l'été 2021. Le voilà remis en selle.

À cette même période, il quitte le Stade français – son club de toujours – pour La Rochelle. Quelques mois plus tard, il bat les All Blacks, réalise le Grand Chelem et remporte la Coupe d'Europe. Jackpot!

Longtemps enfermé dans un rôle de bulldozer, Danty démontre de nouvelles aptitudes sous la houlette de Gonzalo Quesada, revenu au Stade français en 2020. Et, avec les Bleus, Danty excelle désormais en défense, véritable poison dans le jeu au sol. Six ans après sa première sélection, il est enfin devenu un membre à part entière du groupe tricolore.

19 MARS 2022
STADE DE FRANCE
SAINT-DENIS

ATYPIQUE

LE 19 MARS, MELVYN JAMINET (22 ANS) REMPORTE LE GRAND CHELEM AVEC LE XV DE FRANCE QUI DOMINE L'ANGLETERRE. TITULAIRE À L'ARRIÈRE ET BUTEUR DES BLEUS, LE JOUEUR DE L'USA PERPIGNAN (USAP) INSCRIT 56 POINTS LORS DU TOURNOI DES 6 NATIONS, DONT 20 POINTS DANS LE CHOC FACE À L'IRLANDE, ET PREND UNE PART PRÉPONDÉRANTE À CE SACRE HISTORIQUE, QUI FUYAIT LES TRICOLORES DEPUIS 2011, EN DISPUTANT TOUS LES MATCHS.

LA TRAJECTOIRE INTERNATIONALE DU NATIF D'HYÈRES (VAR) EST INCROYABLE. RÉVÉLATION DE LA SAISON PRÉCÉDENTE EN PRO D2 ET ACTEUR PHARE DE LA REMONTÉE DE PERPIGNAN DANS L'ÉLITE (26 MATCHS, 294 POINTS) – QUI LUI VAUT DE SIGNER SON PREMIER CONTRAT PROFESSIONNEL –, IL TAPE DANS L'ŒIL DU SÉLECTIONNEUR FABIEN GALTHIÉ QUI L'EMMÈNE EN TOURNÉE EN AUSTRALIE AU MOIS DE JUIN ET L'ALIGNE D'ENTRÉE DE JEU LORS DES TROIS TESTS DISPUTÉS FACE AUX WALLABIES. SES DÉBUTS PROBANTS LORS DE LA PREMIÈRE MANCHE SONT GÂCHÉS PAR UNE MAUVAISE PASSE POUR DAMIAN PENAUD EN TOUTE FIN DE RENCONTRE, QUI CONDUIT À L'ESSAI ASSASSIN DE L'OUVREUR NOAH LOLESIO, ALORS QUE LES BLEUS MENAIENT AU SCORE. CIBLE DE VIVES CRITIQUES SUR LES RÉSEAUX SOCIAUX, IL PENSE SA TOURNÉE TERMINÉE. MAIS GALTHIÉ LE RÉCONFORTE ET LUI MAINTIENT SA CONFIANCE. ÉLU HOMME DU MATCH LORS DU DEUXIÈME TEST (23 POINTS INSCRITS, 100 % AU BUT), JAMINET PERMET AUX BLEUS DE S'IMPOSER EN AUSTRALIE POUR LA PREMIÈRE FOIS DEPUIS TRENTE ET UN ANS. EN UN TOURNEMAIN, IL REPOUSSE LA CONCURRENCE D'ANTHONY BOUTHIER, BRICE DULIN ET THOMAS RAMOS POUR S'IMPOSER EN SÉLECTION SANS JAMAIS AVOIR ENCORE JOUÉ EN TOP 14. UN OVNI.

« IL A FAIT EN ÉQUIPE DE FRANCE CE QU'IL AVAIT FAIT EN PRO D2 : IL A DÉBARQUÉ ET ÉTAIT DÉJÀ AU NIVEAU », SITUE PATRICK ARLETTAZ, LE MANAGER DE L'USAP, À L'ORIGINE DE SON REPLACEMENT DE L'OUVERTURE À L'ARRIÈRE. REBELOTE EN NOVEMBRE. DÉSIGNÉ HOMME DU MATCH FACE À L'ARGENTINE, IL CLAQUE 20 POINTS DANS LE MUSEAU DES ALL BLACKS POUR SA SIXIÈME SÉLECTION ET SEMBLE DÉJÀ FAIRE PARTIE DES MEUBLES DE LA MAISON BLEUE. « C'EST UN PARCOURS ATYPIQUE DEPUIS LE RUGBY AMATEUR JUSQU'AU RUG-

19 MARS 2022
STADE DE FRANCE
SAINT-DENIS

MELVYN JAMINET,
un arrière au premier plan

BY PROFESSIONNEL, COMME ON N'EN VOIT PEU AUJOURD'HUI », ESTIME GRÉGORY LE CORVEC, SON COACH À HYÈRES (FÉDÉRALE 1) ENTRE 2017 ET 2018, QUI AVAIT APPUYÉ SON ARRIVÉE CHEZ LES ESPOIRS DE PERPIGNAN AUPRÈS DE SON ANCIEN COÉQUIPIER DAVID MARTY, ALORS QUE LE RUGBYMAN ÉTAIT ENCORE UN ILLUSTRE INCONNU.

TOUS CEUX QUI ONT CROISÉ LA ROUTE DE LA PÉPITE DÉCRIVENT UN JOUEUR CERTES FLUET (67 KG À 18 ANS) – ET BOUDÉ PAR LES CENTRES DE FORMATION DE LYON ET DE MONTPELLIER QUI NE L'AVAIENT PAS RETENU –, MAIS DOTÉ D'UN COUP DE PIED HORS NORME, DE FACULTÉS D'ACCÉLÉRATION EXCEPTIONNELLES, D'UNE AISANCE CERTAINE DANS LES DUELS AÉRIENS ET D'UN MENTAL À TOUTE ÉPREUVE – EN TÉMOIGNE SA RÉGULARITÉ FACE AUX PERCHES.

INITIÉ À SOLLIÈS-PONT (VAR), SUIVANT LA VOIE TRACÉE PAR SON PÈRE HERVÉ, UN ANCIEN PILIER, JAMINET GRANDIT AU RC TOULON, QU'IL REJOINT À L'ÂGE DE 7 ANS (2006-2015). LA PLUS BELLE ÉPOQUE DU CLUB, CHAMPION DE FRANCE (2014) ET TRIPLE CHAMPION D'EUROPE (2013 À 2015). DEMI DE MÊLÉE, PROGRESSIVEMENT DÉPLACÉ À L'AILE, LE GAMIN NE S'ÉPANOUIT PAS. IL REBONDIT DANS LE PETIT CLUB AMATEUR DE LA VALLÉE DU GAPEAU (VAR). EN UNE SAISON, IL REPREND GOÛT AU JEU ET FILE AU RUGBY CLUB D'HYÈRES CARQUEIRANNE LA CRAU, EN FÉDÉRALE 1. JUNIOR, IL NE JOUE JAMAIS POUR L'ÉQUIPE UNE, LE CORVEC PRÉFÉRANT LE PRÉSERVER. ON CONNAÎT LA SUITE.

LE 12 JUIN, JAMINET EST LE GRAND HOMME DE L'ACCESS MATCH DISPUTÉ PAR PERPIGNAN

19 MARS 2022
STADE DE FRANCE
SAINT-DENIS

LES CHAMPIONS 2022, début de soirée…

CHEZ ET CONTRE MONT-DE-MARSAN : SES 26 POINTS, DONT UN ESSAI, PERMETTENT AUX CATALANS DE BALAYER LES LANDAIS (16-41). « JE PEUX PARTIR SOULAGÉ », SOUFFLE-T-IL À CHAUD. IL S'APPRÊTE EN EFFET À QUITTER LA TÊTE HAUTE LE CLUB DANS LEQUEL IL A SPRINTÉ VERS LES SOMMETS.

NEUF JOURS PLUS TARD, LE STADE TOULOUSAIN OFFICIALISE SON ARRIVÉE. JAMINET S'ENGAGE JUSQU'EN 2025 AVEC LES ROUGE ET NOIR. CES COULEURS NE LE DÉPAYSERONT PAS.

TOURNOI
DES 6 NATIONS

FRANCE
ANGLETERRE
25-13

19 MARS 2022
STADE DE FRANCE
SAINT-DENIS
LE TROPHÉE DES 6 NATIONS,
star de l'enceinte dyonisienne

L'ADIEU AUX ARMES

C'était leur premier jour de gloire. Le 25 juin 2006, les Bleuets de Didier Retière et Émile Ntamack, emmenés par le phénomène Lionel Beauxis à l'ouverture, faisaient tomber les Baby Boks (24-13) au stade Marcel-Michelin de Clermont-Ferrand pour s'offrir le titre mondial des moins de 21 ans. Un sacre et une éclosion pour une génération qui confirmera son talent au plus haut niveau : treize de ces jeunes champions du monde porteront le maillot du XV de France, quatre disputeront la finale de la Coupe du monde 2011 en Nouvelle-Zélande et Guilhem Guirado sera nommé capitaine des Bleus.

Seize ans plus tard, cette génération est arrivée à son crépuscule avec la fin de carrière simultanée des derniers héros encore en activité dans le monde professionnel : Lionel Beauxis, Maxime Médard, Guilhem Guirado, Fulgence Ouedraogo, Loïc Jacquet et Damien Chouly ont décidé de quitter la scène. Comme François Trinh-Duc et Louis Picamoles, deux autres cracks de cette génération 1986, absents lors du sacre mondial de 2006, mais devenus pendant dix ans des cadres chez les Bleus.

C'est toute une époque qui s'achève. Thomas Domingo, qui s'était retiré en 2019 pour embrasser une carrière d'entraîneur à Pau, en a pris la mesure, avec un pincement au cœur en souvenir des jours heureux : « *Les derniers dinosaures se sont arrêtés. Ce sont les plus vaillants, les moins abîmés qui ont tenu jusqu'au bout. C'était une belle génération, avec beaucoup qui ont percé et maintenu leur niveau pendant des années, une génération qui a marqué le rugby français pendant quelques années. Beaucoup vont rester proches de ce monde et c'est beau à voir, c'est le signe d'un désir de transmettre de l'expérience. C'est super de pouvoir passer le relais à une nouvelle génération et continuer à faire grandir le rugby. Et puis, c'était bien, on a vécu des moments assez exceptionnels, des instants privilégiés...* »

GUILHEM GUIRADO,
bonne continuation!

TOUR-
NOI
DES 6
NA
FÉ

TIONS
MININ

TOURNOI DES
6 NATIONS
FÉMININ
ÉCOSSE
FRANCE
8-28

10 AVRIL 2022
SCOTSTOUN STADIUM
GLASGOW

LES BLEUES, SI PRÈS SI LOIN

C'est l'histoire d'un sans-faute qui se termine mal. Après quatre victoires sans discussion face à l'Italie (39-6), l'Irlande (40-5), l'Écosse (8-28) et le pays de Galles (5-33), les Bleues reçoivent l'Angleterre à Bayonne le 30 avril. Un sommet pour le Grand Chelem, qu'elles ont remporté à cinq reprises (2002, 2004, 2005, 2014 et 2018). Tombeuses par deux fois des Blacks Ferns néo-zélandaises à l'automne (38-13 à Pau et 29-7 à Castres), les coéquipières de la capitaine Gaëlle Hermet s'attaquent à un Everest.

Solidement cramponnées à leur place de numéros un mondiales, les Anglaises, tenantes du titre, restent sur neuf victoires d'affilée contre les Françaises et, récoltant les fruits du championnat professionnel qu'elles disputent outre-Manche, dominent outrageusement le rugby mondial. Les Britanniques débarquent aussi au stade Jean-Dauger fortes d'une série de 22 victoires de rang. Elles n'ont concédé que 10 points lors des quatre premiers matchs du Tournoi, en ont inscrit 64 par match en moyenne, et affichent un impressionnant goal-average de... 248 points!

Un pas vers l'exploit semble malgré tout accompli dès la 4e minute de jeu, lorsque Romane Ménager, servie par Laure Sansus, plante le premier essai de la rencontre. Mais les partenaires d'Emily Scarratt frappent en retour par trois fois, en donnant au passage une *master class* sur des groupés pénétrants. À la pause, l'affaire paraît déjà pliée (7-21), même si les Bleues font preuve d'orgueil. En supériorité numérique après le carton jaune adressé à l'ouvreuse Zoe Harrison pour un en-avant volontaire dès la reprise, elles ne parviennent pas à déstabiliser la défense anglaise. Au contraire des Red Roses qui profitent, elles, de l'exclusion temporaire de Maëlle Filopon : Scarratt passe une pénalité et porte le score à 7-24 à la 60e. L'écart diminue huit minutes plus tard lorsque Annaëlle Deshayes, décalée par Sansus, inscrit le second essai des Bleues (12-24). Insuffisant pour renverser la montagne anglaise, qui remporte son dixième Grand Chelem.

Privées de ballons, trop indisciplinées (11 pénalités) et contrées en conquête (4 ballons perdus en touche), les joueuses de la manager Annick Hayraud mesurent à l'aune de ce Crunch les progrès qu'il leur reste à accomplir avant de retrouver en octobre les Red Roses au Northland Events Centre de Whangarei en poule de la Coupe du monde en Nouvelle-Zélande. Avec un nouveau staff. À la suite du Tournoi, Samuel Cherouk et Stéphane Eymard sont en effet écartés au profit de l'ancienne capitaine Gaëlle Mignot et de David Ortiz; Thomas Darracq se voyant, lui, promu sélectionneur-entraîneur.

PAYS DE GALLES
FRANCE
5-33

LAURE DE GLOIRE

À CINQ MOIS DE LA COUPE DU MONDE EN NOUVELLE-ZÉLANDE, PLUSIEURS BLEUES SE SONT ILLUSTRÉES LORS DU TOURNOI DES 6 NATIONS. LA DEUXIÈME LIGNE MADOUSSOU FALL, NOTAMMENT, LEUR MEILLEURE PLAQUEUSE, ET SA COMPÈRE AUDREY FORLANI, OU ENCORE LA TROISIÈME LIGNE ROMANE MÉNAGER, L'ARRIÈRE ÉMILIE BOULARD ET LA PILIER ANNAËLLE DESHAYES.

MAIS, C'EST SURTOUT VERS LAURE SANSUS (28 SÉLECTIONS) QUE SONT BRAQUÉES LES CAMÉRAS À L'ISSUE DE LA COMPÉTITION : LA DEMI DE MÊLÉE DU STADE TOULOUSAIN, AUTEURE DE 6 ESSAIS – TROIS DOUBLÉS FACE À L'IRLANDE, L'ÉCOSSE ET LE PAYS DE GALLES – ET DE 6 PASSES DÉCISIVES, EST EN EFFET DÉSIGNÉE MEILLEURE JOUEUSE DU TOURNOI 2022, DEVANÇANT LA BORDELAISE MADOUSSOU FALL ET LES ANGLAISES SARAH BERN ET MARLIE PACKER. MIEUX QU'UN PLAN B POUR LES BLEUES EN L'ABSENCE DE PAULINE BOURDON, BLESSÉE. LA Nº 9 EST LA PREMIÈRE FRANÇAISE À RECEVOIR CETTE DISTINCTION, CRÉÉE EN 2020, ET SUCCÈDE AUX ANGLAISES EMILY SCARRATT (2020) ET POPPY CLEALL (2021).

« MÊME SI C'EST UN TITRE INDIVIDUEL ET CE N'EST PAS FORCÉMENT CE QUE L'ON CHERCHE DANS UN SPORT COLLECTIF, C'EST UNE GRANDE FIERTÉ,

22 AVRIL 2022
ARMS PARK
CARDIFF

LAURE SANSUS,
9 de cœur

A-T-ELLE DÉCLARÉ. C'EST LA RÉCOMPENSE DE TOUS LES EFFORTS QUE J'AI PU FOURNIR POUR ARRIVER À CE MOMENT. JE LE DOIS VRAIMENT À TOUTE L'ÉQUIPE, PARCE QUE C'EST ELLE QUI M'A MISE DANS LA FACILITÉ POUR POUVOIR FAIRE DES PERFORMANCES. JE SUIS CONTENTE POUR MOI, MAIS AUSSI ET SURTOUT POUR MES PARTENAIRES, PARCE QUE ÇA MET AUSSI LA FRANCE EN LUMIÈRE. »

LE 29 MAI, SANSUS DEVIENT AUSSI CHAMPIONNE DE FRANCE POUR LA PREMIÈRE FOIS AVEC LE STADE TOULOUSAIN, VAINQUEUR DE BLAGNAC EN FINALE (16-10). À 28 ANS SEULEMENT, ELLE METTRA UN TERME À SA CARRIÈRE APRÈS LE MONDIAL NÉO-ZÉLANDAIS.

TOURNOI DES
6 NATIONS
FÉMININ

FRANCE
ANGLETERRE
12-24

30 AVRIL 2022
STADE JEAN-DAUGER
BAYONNE

ANNAËLLE DESHAYES,
tendance tresses

LE DERNIER VOYAGE DU CAPITAINE

François Moncla était d'abord un joueur de légende. Un joueur qui, avec ses frères d'armes, écrivit l'histoire du rugby français en 1958 en triomphant pour la première fois des Springboks en Afrique du Sud. Un troisième ligne vaillant, courageux, intelligent, qui volait de succès en succès : vainqueur de trois Tournois des 5 Nations consécutifs (1959, 1960 et 1961), l'homme aux 31 sélections souleva aussi le bouclier de Brennus en 1959 avec le Racing Club de France, un club qu'il avait rejoint dès les Juniors lorsqu'il avait quitté son Béarn natal pour la région parisienne à l'âge de 17 ans. De retour sur ses terres en 1959 avec une signature à la Section paloise, il resta au sommet et devint le roi de la Croix du Prince, historique stade du club béarnais, en guidant Pau jusqu'au Brennus en 1964, le dernier de l'histoire des Vert et Blanc.

Mais Moncla était plus qu'un joueur : une icône, un exemple, un leader. Nommé en 1960 33e capitaine de l'histoire des Bleus, il dirigera 18 fois le XV de France. Et à Pau, même après sa retraite sportive en 1966, il continua de montrer le chemin : il sera entraîneur des Juniors puis président jusqu'en 1979.

Homme de conviction, encarté au parti communiste, engagé contre l'apartheid, infatigable manifestant pour défendre les services publics, « François les bas bleus » figurait en 2014 sur la liste du Front de gauche aux élections municipales de Pau. Une vie de rugby et de combats qui s'est achevée le 28 novembre à l'âge de 89 ans. Avec un message en forme de testament : *« Après tout ce que j'ai vécu, je crois à la solidarité des hommes. S'aider les uns les autres pour accéder à une vie meilleure. »*

FRANÇOIS MONCLA,
légende éternelle

CHAL

LENGE

CUP

CHALLENGE
CUP

LYON OU
RC TOULON
30-12

27 MAI 2022
STADE VÉLODROME
MARSEILLE

LE ROI LYON

Lorsqu'il succède à Yvan Patet à la présidence du Lyon olympique universitaire (LOU) le 19 décembre 2012, qui végète alors dans le ventre mou de la Pro D2, Yann Roubert trace une feuille de route en quatre phases : d'abord, faire fructifier l'héritage laissé par les anciens du club ; ensuite, remonter en Top 14 ; puis, se maintenir dans l'élite et trouver une identité au plus haut niveau ; enfin, remporter des titres. Dix ans plus tard, le plan est accompli. Le 27 mai 2022, son club balaie le Rugby club toulonnais (RCT) au stade Vélodrome de Marseille en finale de la Challenge Cup (30-12) et ajoute une ligne à un palmarès en jachère depuis les titres de champion de France 1932 et 1933.

Succédant à Montpellier, le LOU glane même le premier titre européen pour un club lyonnais masculin, tous sports confondus. *« On a placé Lyon sur la carte d'Europe du rugby »*, commentera le demi de mêlée international Baptiste Couilloud, désigné homme du match. Pour leur première finale européenne, les coéquipiers de Jordan Taufua sont pourtant outsiders contre des Varois en plein boom, qui étaient venus les rosser à Gerland (10-43) au début du mois d'avril, et qui ont déjà remporté par trois fois la compétition (2010, 2012 et 2020). Mais, sous la chaleur étouffante de la cité phocéenne, en cette fin de printemps, les Lyonnais impriment d'entrée un rythme d'enfer et prennent le score sur un essai de Couilloud (8ᵉ). Son vis-à-vis Baptiste Serin réplique neuf minutes plus tard, inscrivant le seul essai du RCT.

Les Toulonnais, bien qu'au coude à coude à la pause (10-7), n'ont pas vraiment le temps d'y croire. Le travail de sape des joueurs de Pierre Mignoni, auquel le jeune feu follet géorgien Davit Niniashvili contribue grandement, paie en effet dès la reprise. Un essai de pénalité (46ᵉ) suivi de celui de Pierre-Louis Barassi (48ᵉ) récompensent la pression et l'engagement physique que les Lyonnais imposent depuis le coup d'envoi. Une défense de fer (153 plaquages, 84 % de réussite) et la réussite de leur buteur Léo Berdeu suffisent ensuite à contenir la tentative de retour des hommes de Franck Azéma, symbolisée par l'essai de Cheslin Kolbe (72ᵉ).

Méconnaissable lors des deux demi-finales du Top 14 perdues contre Montpellier en 2018 (40-14) puis face à Clermont en 2019 (13-33), le LOU s'est servi de ces échecs douloureux pour, cette fois, ne pas laisser passer sa chance. Et même si les Lyonnais, une semaine plus tard, manquent de se qualifier pour la phase finale du Top 14 en s'inclinant contre La Rochelle (26-29), ils sont reçus en héros à la mairie de Lyon pour présenter le trophée de la Challenge Cup au balcon de l'hôtel de ville. Sept ans après son arrivée au club, le manager Pierre Mignoni, qui laissera sa place à Xavier Garbajosa la saison prochaine, peut rentrer chez lui la tête haute. L'ancien demi de mêlée des Bleus rejoint en effet le staff de... Toulon.

CHALLENGE CUP

LYON OU RC TOULON 30-12

27 MAI 2022
STADE VÉLODROME
MARSEILLE

JEAN-MARC DOUSSAIN

« MAINTENANT, ON SAIT CE QUE C'EST DE GAGNER UN TITRE »

Champion de France et international (17 sélections), le demi de mêlée a complété son palmarès en gagnant la Challenge Cup avec Lyon, premier titre du club en élite depuis 1932.

COMMENT AVEZ-VOUS VÉCU CE TITRE EUROPÉEN?

Cette conquête a fait naître plein de sentiments. C'est le premier titre majeur du club dans son histoire moderne. C'est une belle conclusion après le cycle de Pierre Mignoni qui aura duré sept ans. Et puis, c'est le signe que le club grandit. Quand tu es ambitieux, forcément, il te faut gagner des titres. Même si ce n'est pas la grande Coupe d'Europe, c'est un trophée, et ils sont tous bons à prendre.

POUR ARRIVER À CE SACRE, IL VOUS A FALLU BATTRE DES GRANDS D'EUROPE : WORCESTER, GLASGOW, LES WASPS, TOULON EN FINALE…

Nous avons eu droit à une phase finale relevée. L'aventure aurait pu s'arrêter tôt. Mais ce parcours copieux nous a aidés à nous préparer pour cette finale contre Toulon qui était dans une belle dynamique. On a su conclure ce chapitre. C'était important d'aller chercher ce titre.

Nous avions à cœur de nous rattraper de la saison dernière. Au départ, nous n'avions pas d'objectif affiché en Challenge Cup. Le programme nous avait réservé des matchs difficiles, donc nous étions dans l'expectative. Mais, une fois la qualification acquise, c'est devenu un objectif. Tout le monde s'est plongé dedans, jouant le jeu à fond en parallèle du championnat.

On ne pouvait qu'être heureux d'être allés au bout. Maintenant, on sait ce que c'est de gagner un titre. C'était immense à vivre.

LA FINALE CONTRE TOULON À MARSEILLE RESTERA-T-ELLE LE MOMENT FORT DE CE PARCOURS?

Nous n'étions pas favoris, loin de là. Juste avant la finale, nous avions lourdement chuté en championnat contre Bordeaux (42-10 ; 25e journée). Les Toulonnais étaient dans une grande forme, la finale était organisée chez eux : tout était réuni pour qu'ils gagnent… On sentait que personne ne parlait de Lyon. Mais, *in fine*, ça nous a fait du bien : on s'est retrouvés, on s'est resserrés.

Le club a bien fait les choses en nous permettant de nous installer dès le mardi à Marseille. Le LOU et notre team manager Gérald Gambetta n'auraient pas pu mieux organiser la préparation de cette finale. Rien n'a été laissé au hasard.

À VOS YEUX, QUEL JOUEUR SYMBOLISE CE TITRE?

Ils sont plusieurs. Je parlerais de notre ailier géorgien Davit Niniashvili qui est jeune (19 ans) et qui nous a amené beaucoup de spontanéité avec son jeu. De Josua Tuisova qui est un *match winner*. Mais j'ai aussi envie de vous parler de nos avants. Le LOU a pu être critiqué sur son jeu devant : ils ont montré en finale qu'ils étaient présents. Contre Toulon, mais aussi contre Glasgow ou les Wasps, notre pack a tenu la dragée haute à celui de nos adversaires. Et puis, Léo Berdeu, qui a sorti des performances chaque week-end…

Nous avons été portés par des sacrés joueurs. En championnat, nous n'avons pas toujours été réguliers mais, en Coupe d'Europe, tout le monde s'est bien mobilisé.

LYON OU
RC TOULON
30-12

27 MAI 2022
STADE VÉLODROME
MARSEILLE

PARA SIEMPRE MARTÍN ARAMBURÚ

Le cauchemar avant le rêve. Ce 19 mars 2022 devait être une fête avec le dernier round du Tournoi des 6 Nations pour le XV de France qui recevait l'Angleterre à Saint-Denis avec, dans le viseur, un premier Grand Chelem depuis 2010. Mais le jour de gloire fut jour noir : quelques heures avant le coup d'envoi, Federico Martín Aramburú, ancien centre du Biarritz olympique (BO), de Perpignan et Dax – double champion de France (2005 et 2006 avec le BO) –, 22 fois sélectionné avec les Pumas – et deux fois vainqueur des Bleus –, était assassiné par balles dans le centre de Paris.

Un drame absolu qui a pour point de départ une noble intervention : en compagnie d'un ami, Shaun Hegarty, lui aussi ancien joueur du BO, « Fede » a pris la défense d'un homme, victime de propos racistes de la part d'un groupe d'individus emmenés par Loïk Le Priol, militant d'extrême droite. Une altercation s'ensuit avant l'intervention de vigiles. Mais, sur le chemin du retour vers leur hôtel, Shaun et Federico sont rattrapés par une jeep verte. Un homme en descend puis fait feu, un autre surgit et tire à son tour. Federico Martín Aramburú, 42 ans, perd la vie ainsi, en plein Paris.

Le rugby n'oubliera jamais son sourire et ses valeurs. Pour s'en assurer, une tribune paraphée par les plus grands noms de ce jeu a été écrite : « Il a été assassiné parce qu'il s'est opposé à des idées extrémistes et fascistes. "Fede" avait en lui les valeurs du rugby, d'humanisme. (…) Federico et Shaun (Hegarty) étaient en dehors du terrain de jeu, et comme à leur habitude, n'ont pas laissé dire des paroles contraires à leur pensée, leur éducation, leur philosophie de vie. Ils n'ont pas tourné la tête en faisant semblant de n'avoir rien vu mais ils ont choisi de réagir, à ce qui pour eux était évidence. (…) On ne peut accepter qu'un des nôtres soit assassiné en 2022 au cœur de la capitale française, parce qu'il respectait et appliquait ces valeurs, auxquelles nous ajoutons en mémoire de Federico la générosité, la bienveillance, le combat pour une justice sociale et par-dessus tout l'amour de la famille et du partage amical. »

Ce 19 mars, les Bleus ont réussi le Grand Chelem. Maxime Lucu, demi de mêlée du XV de France et ex du BO, l'a dédié à « Fede » : *« Pour tout vous dire, j'ai eu Federico hier soir (vendredi) par message. Il me disait de profiter de ces moments-là, de toujours avoir le sourire et de garder l'humilité. C'est ce qu'il m'avait toujours enseigné. »*

DAVE O'CALLAGHAN ET ELLIOT DIXON, des Biarrots en deuil

CHAM

CUP

PIONS

THE GREATEST WEEKEND IN RUGBY
CHAMPIONS CUP
FINALES MARSEILLE 2022
Enjoy Responsibly
CHAMPIONS CUP
IHG HOTELS & RESORTS
enjoy responsibly

LEINSTER
STADE ROCHELAIS
21-24

28 MAI 2022
STADE VÉLODROME
MARSEILLE

IHAIA WEST,
prise d'intervalle

LEINSTER
STADE ROCHELAIS
21-24

28 MAI 2022
STADE VÉLODROME
MARSEILLE

LA ROCHELLE À BON PORT

Le 28 mai 2022, La Rochelle écrit la plus belle page de son histoire. Dans un stade Vélodrome de Marseille tout acquis à sa cause, le club à la caravelle domine la province irlandaise du Leinster (21-24) et remporte la Coupe d'Europe, huit ans après son accession en Top 14. Il devient la quatrième équipe française à inscrire son nom au palmarès de l'épreuve après Toulouse (1996, 2003, 2005, 2010 et 2021), Brive (1997) et Toulon (2013, 2014 et 2015); et la treizième formation à s'octroyer la plus prestigieuse compétition du Vieux Continent.

Défaits en finale du Challenge européen par Clermont en 2019 (36-16), puis sur la dernière marche de la Coupe d'Europe (17-22) et du Top 14 (18-8) par Toulouse la saison dernière, les Maritimes atteignent enfin le Graal. Au passage, le manager irlandais Ronan O'Gara, ancien ouvreur du Munster, rejoint celui de Toulouse Ugo Mola (1996 et 2021) et son homologue du Leinster Leo Cullen (2009, 2011, 2012 et 2018) au rang des hommes sacrés à la fois comme joueur et comme entraîneur.

Pour en arriver là, les Rochelais ont écarté successivement Glasgow et Bath en phase de poules, Bordeaux Bègles en 1/8e de finale, Montpellier en quart et le Racing 92 en demi. En dessert leur est servi l'ogre du Leinster, qu'ils avaient éliminé en demi-finale en 2021 (32-23) dans leur antre de Marcel-Deflandre. Bien que détenant la recette, les coéquipiers du capitaine Grégory Alldritt, privés pour l'occasion de leur demi de mêlée All Black Tawera Kerr-Barlow, blessé à une main, ont de quoi se faire tout petits devant cette formation qui compose une grande partie du XV du Trèfle. En demi-finale, les Irlandais n'ont d'ailleurs fait qu'une bouchée du Stade toulousain (40-17), tenant du titre.

Mais, au terme d'un match d'une intensité rare, les Maritimes concassent littéralement leurs hôtes, en particulier lors d'un dernier quart d'heure de jeu ébouriffant, au cours duquel ils campent près de la ligne d'en-but dublinoise, en jouant toutes les pénalités à la main. Jusqu'à la dernière minute, le Leinster fait pourtant la course en tête (21-17), la botte de Jonathan Sexton punissant l'indiscipline française (13 pénalités et 1 carton jaune contre Thomas Lavault), et ce, malgré les 2 essais de Raymond Rhule (10e) – qui forme avec son compatriote sud-africain Dillyn Leyds, désigné homme du match, un tandem infernal d'attaquants – et de Pierre Bourgarit (60e).

À force de charges et de pick and go – véritable démonstration de *fighting spirit* –, les Rochelais, par un essai d'Arthur Retière dans un trou de souris, finissent par faire céder la défense bleue. Le lendemain soir, la marée des supporters jaune et noir, 35 000 personnes, envahit le vieux port de La Rochelle pour célébrer les héros qui défilent dans un bus à impériale. Président du club depuis juillet 1991, Vincent Merling n'en croit pas ses yeux.

LE CADEAU D'ADIEU

Blessé une grande partie de la saison et non conservé par le Stade rochelais, Arthur Retière offre le plus beau des cadeaux d'adieu au club qu'il avait rejoint en 2016, à l'âge de 18 ans. Entré en jeu à la place du demi de mêlée Thomas Berjon à un quart d'heure du terme de la finale de la Champions Cup, l'ex-Racingman dirige parfaitement son pack qui pilonne la ligne d'en-but du Leinster lors des dernières minutes. Et puis, il prend les choses en main.

Sur une ultime séance de marteau-piqueur, son petit gabarit (1,73 m, 75 kg) se saisit du ballon, s'engouffre dans un trou. Dans le mouvement, le pilier droit des Maritimes, Joel Sclavi, lui fait un croche-pied involontaire. Retière tombe. Il allonge alors son bras droit et aplatit pour inscrire l'essai le plus important de sa carrière. Un geste instinctif, profitant d'un avantage accordé par l'arbitre anglais Wayne Barnes. La vérification à la vidéo semble durer une éternité. Les Rochelais, persuadés qu'un renvoi suivra, gardent leur calme. Sur le terrain, ils l'ignorent encore, mais le temps réglementaire est écoulé. Essai validé. Les joueurs exultent. La Rochelle est champion d'Europe.

La saison prochaine, Retière rejoint le Stade toulousain, où il s'est engagé jusqu'en 2025. L'ancien international à VII y retrouvera son frère cadet, Edgar. Les Rouge et Noir comptent sur lui au poste d'ailier, celui auquel il se sent le mieux. Celui, aussi, qui lui a valu sa première et unique sélection avec le XV de France, contre l'Irlande, lors du Tournoi des 6 Nations 2020.

28 MAI 2022
STADE VÉLODROME
MARSEILLE

ARTHUR RETIÈRE,
à la baguette

LEINSTER
STADE ROCHELAIS
21-24

28 MAI 2022
STADE VÉLODROME
MARSEILLE

MATTHIAS HADDAD,
passage en force

GRÉGORY ALLDRITT

« ON S'ÉTAIT PROMIS DE NE PLUS REGARDER PERSONNE SOULEVER UN TROPHÉE DEVANT NOUS »

Le troisième ligne international et capitaine du Stade rochelais revient sur l'épopée qui a conduit les Maritimes à leur première étoile.

RACONTEZ-NOUS CETTE SÉQUENCE DE DIX MINUTES DEVANT LA LIGNE DU LEINSTER QUI VOUS A PERMIS D'ALLER CHERCHER CE TITRE, AVEC L'ESSAI D'ARTHUR RETIÈRE…

Ces dix minutes ont fait écho à notre préparation. Durant la semaine, on n'avait pas parlé de défaite, uniquement de victoire. J'avais senti un groupe déterminé à gagner, qui n'envisageait pas de perdre encore une fois une finale… Ces dix minutes ont témoigné de notre détermination. Tout le monde – et moi le premier – avait en tête cette nécessité de franchir la ligne. Et, finalement, c'est ce qu'il s'est passé.

AVEC UNE PHASE FINALE QUI VOUS A VUS ÉLIMINER BORDEAUX, MONTPELLIER ET LE RACING 92, ÉTAIT-CE UN PLAISIR POUR VOUS, UN AN APRÈS AVOIR CHUTÉ SUR LA DERNIÈRE MARCHE FACE À TOULOUSE, D'AFFRONTER LE LEINSTER, UN CLUB ÉTRANGER?

Bien sûr. En Coupe d'Europe, on préfère toujours jouer des clubs étrangers, ça donne une autre saveur. Et puis, jouer le grand Leinster qui était censé nous martyriser pendant quatre-vingts minutes, ce n'était que du bonheur.

LA ROCHELLE A MARQUÉ 3 ESSAIS, LE LEINSTER SEULEMENT 7 PÉNALITÉS : LA PREUVE QUE CETTE FINALE ÉTAIT POUR VOUS?

Le staff avait vu juste avec une stratégie claire : on y allait pour marquer des essais. Ça a payé. Nous avons été pragmatiques. On a quasiment réussi le match parfait.

ÉTIEZ-VOUS EN MISSION AUSSI POUR CERTAINS DE VOS COÉQUIPIERS, PAR EXEMPLE LES HISTORIQUES QUE SONT ROMAIN SAZY – PRÉSENT DEPUIS 2010 – ET KEVIN GOURDON – CONTRAINT D'ARRÊTER SA CARRIÈRE?

Pour être honnête, on en a parlé. Mais, puisque la majorité du groupe était là un an plus tôt lors de la défaite contre Toulouse, on a surtout parlé de ne pas revivre ça. On s'était promis de ne plus regarder personne soulever un trophée devant nous. C'était pour nous. À la fin, on a vu des joueurs déterminés, des joueurs pour qui il était interdit de perdre.

PAR QUELLE ÉMOTION AVEZ-VOUS ÉTÉ TRAVERSÉ AU COUP DE SIFFLET FINAL?

C'était très bizarre. Je n'ai pas ressenti d'émotion, mais un vide total. La mission était accomplie, le job avait été fait, je n'avais plus rien en moi. J'avais presque du mal à réaliser ce qu'il se passait.

C'était un moment unique. Il faut le vivre pour le comprendre. Toute l'énergie, tout le travail, tout le stress mis pour atteindre un but s'en sont allés d'un coup…

AVEZ-VOUS MESURÉ L'EXPLOIT LORSQUE VOUS AVEZ DÉFILÉ À LA ROCHELLE AVEC VOS SUPPORTERS?

Oui, c'est à ce moment-là que j'ai réalisé. Tous les joueurs ont pris une claque. On avait eu beau regarder 100 fois des vidéos ou écouter 200 fois Romain Sazy et Kevin Gourdon raconter ce qu'ils avaient vécu par le passé, je ne m'imaginais pas ça…

QUELLE SENSATION LAISSE LE FAIT DE MARQUER L'HISTOIRE D'UN CLUB?

C'est énorme. Énorme pour Romain Sazy et Kevin Gourdon qui sont d'immenses joueurs et qui peuvent dire qu'ils sont les premiers à avoir gagné un titre avec La Rochelle. Cela vient récompenser une saison immense.

Si l'on parle souvent des 23 présents sur le terrain lors de la finale, je veux parler de ceux qui étaient hors du groupe et de ceux qui étaient là avant nous, pour faire monter le club, le maintenir en Top 14, le faire évoluer. Il y a eu tous ceux-là : ce serait réducteur de croire que ce sont seulement 23 joueurs qui sont champions d'Europe. Ce titre appartient à toute La Rochelle, à la région, aux supporters, aux partenaires. C'est important de le dire.

UN TITRE COMME CELUI-LÀ NE PEUT QU'OUVRIR L'APPÉTIT?

Oui, on n'est pas rassasiés. On a goûté à ça et on a tous envie d'y regoûter. On va tout faire pour y parvenir très vite. Le club met tous les moyens en œuvre pour cela. Maintenant, il n'y a plus qu'à repartir au travail pour essayer de défiler à nouveau sur le port de La Rochelle.

28 MAI 2022
STADE VÉLODROME
MARSEILLE

CHAMPIONS
CUP

LEINSTER
STADE ROCHELAIS
21-24

28 MAI 2022
STADE VÉLODROME
MARSEILLE

DANY PRISO, bain de foule

MORT AU COMBAT

Septuple champion d'Ukraine, ancien capitaine de l'équipe nationale (40 sélections) puis président de la Fédération ukrainienne de rugby (2003-2005), Oleksi Tsibko est mort dans un bombardement au mortier russe, le 31 mars, près de la ville de Boutcha. Âgé de 55 ans, il n'avait pas hésité à prendre les armes pour défendre son pays. Il était sergent de l'unité spéciale de la Direction du renseignement du ministère de la Défense ukrainien.

Sa carrière de rugbyman l'avait notamment conduit à évoluer à Leipzig (Allemagne) et à être convoité par les meilleurs championnats européens. Mais Tsibko avait préféré retourner dans son pays afin de créer un club de rugby pour les enfants de Smila, la ville où il vit le jour le 19 mars 1967 et dont il fut aussi le maire (2015-2020).

Diplômé de l'université Ivan-Franko de Lviv, la plus ancienne d'Ukraine, en droit international des affaires et de l'Institut d'économie mondiale et des relations internationales de l'Académie nationale des sciences d'Ukraine, fondateur d'une ONG internationale soutenant les petites et moyennes entreprises – Tsibko –, patriote convaincu et père d'une jeune fille, il avait participé activement aux différents événements politiques qui s'étaient déroulés en 2014 sur la place Maïdan de Kiev.

Ses obsèques ont eu lieu le 6 avril au cimetière Baïkove, dans la capitale ukrainienne. Il repose aux côtés de nombreuses personnalités de son pays, artistes, intellectuels, scientifiques ou hommes politiques, ainsi que de l'ancienne gloire du football Valeri Lobanovski.

OLEKSI TSIBKO,
à jamais dans nos mémoires

NATIO-
NALE

CHAM-
PION

CHAMPION
NATIONALE

RC MASSY ESSONNE
SOYAUX ANGOULÊME XV
38-10

4 JUIN 2022
STADE ERNEST-ARGELÈS
BLAGNAC

DU FOND DU CŒUR

C'était aux hommes de jouer. Avant que le RC Massy Essonne ne joue son avenir en phase finale, le président François Guionnet avait choisi d'offrir un livre à ses joueurs : un recueil de photos de leur saison. Avec une subtilité : un espace laissé vierge à l'endroit où devait se trouver le titre de l'ouvrage. Aux Bleu et Noir, donc, d'écrire leur histoire. Ils se sont appliqués pour le faire en lettres d'or.

Numéro un au bout de la saison régulière, Massy a assumé son statut et ses ambitions pour non seulement s'offrir un ticket retour en Pro D2, trois ans après sa dernière relégation, mais aussi pour décrocher un titre de champion de France en dominant le Soyaux Angoulême XV (SA XV) en finale (38-10). Un titre mérité pour une équipe dominée seulement à cinq reprises et invaincue de mi-septembre au 23 janvier 2022.

Un titre pour l'histoire aussi. Certes, 1er de la poule d'accession de Fédérale 1 en 2016-2017, le club francilien avait déjà été considéré comme champion de France, mais cela ne pouvait avoir la même saveur que soulever un trophée au bout d'une épopée en phase finale. Et, en 2012 et 2014, Massy avait trébuché sur la dernière marche. Cette fois, la formation essonnienne n'a pas manqué sa chance.

Vingt-quatre ans après un titre en Fédérale 3, les hommes de Jean-Baptiste Dimartino et Julien Maréchal ont gravé une nouvelle ligne dans le palmarès de ce club formateur, réputé pour avoir donné au rugby français nombre d'internationaux. De Jimmy Marlu à Mathieu Bastareaud, Jordan Joseph, Yacouba Camara, Sekou Macalou, en passant par Grégory Lamboley et Romain Millo-Chluski…

Une nouvelle aventure est désormais à venir. En 1984, quand le rugby était encore amateur, Massy n'était passé pas loin de monter dans l'élite. Et, depuis que la Pro D2 existe, il est vrai que le RC Massy n'a jamais réussi à y rester longtemps. Mais ce titre en atteste, l'histoire n'est pas qu'un éternel recommencement. Aux joueurs, une nouvelle fois, d'écrire la leur.

AU NOM DE L'AMBITION

Arrivé à l'automne 2020 au chevet d'un club en souffrance, l'esthète Vincent Etcheto n'avait pas réussi à sauver Soyaux Angoulême d'une relégation en Nationale. Mais l'ancien technicien de l'Union Bordeaux Bègles et de l'Aviron bayonnais est resté au SA XV, désireux d'aller au bout de son projet et de ses idées. Et il a réussi à ramener Soyaux Angoulême au niveau où il lui avait été confié : en Pro D2, parmi les trente meilleurs clubs français…

Deuxième de la saison régulière derrière Massy, 2e attaque de Nationale dans le sillage de son ailier Marvin Lestremau – meilleur marqueur de la division (12 essais) –, le SA XV n'a pas pour autant eu un boulevard vers la Pro D2. En demi-finale, il a fallu écarter au bout d'une confrontation aller-retour Valence Romans, autre relégué en quête d'accession. L'obstacle effacé, Soyaux Angoulême savait pouvoir refermer la parenthèse Nationale et se préparer à un retour en Pro D2. Il restait cette finale et ce titre à conquérir, huit ans après le bouclier de Fédérale 2, seul couronnement de l'histoire du club fondé en 2010. Mais, en finale, Massy a fait respecter sa loi.

Vincent Etcheto qui, jusqu'ici, avait toujours été au bout en phase finale, s'est incliné, beau joueur. Pour aussitôt relever la tête et regarder à l'horizon, lui qui, par trois fois, a réussi à hisser un club de Pro D2 en élite. Il a prévenu ses joueurs : « Je suis ambitieux pour vous, pour moi… » Une certaine idée du rugby.

4 JUIN 2022
STADE ERNEST-ARGELÈS
BLAGNAC

VINCENT ETCHETO,
l'œil aiguisé

LE SUPER RUGBY EST REPARTI EN CROISADE

Dans l'hémisphère sud, le rugby du monde d'après ressemble donc furieusement à celui du monde d'avant la crise sanitaire liée au Covid. Après une saison 2020 rayée de la carte par le virus, une année 2021 en quasi vase clos avec des championnats régionaux et une petite épreuve australo-néo-zélandaise (Trans-Tasman), 2022 aura vu la renaissance du Super Rugby.

Un championnat relooké puisque les équipes sud-africaines n'étaient pas conviées alors que les franchises des Jaguares (Argentine) et Sunwolves (Japon) ont disparu. Et, surtout, parce qu'il y avait deux nouvelles venues : les Moana Pasifika et Fijian Drua, pour enfin représenter les nations du Pacifique qui donnent tant au rugby – Fidji, Tonga, Samoa. Au milieu des cadors du Sud, elles ont eu du mal à briller, signant seulement deux succès chacune. Mais leur invitation à la table des grands était déjà une première victoire, riche de promesses.

Pour bouleverser la hiérarchie, le chemin s'annonce toutefois quand même très long. La preuve avec l'affiche de la finale de ce Super Rugby Pacific qui mettait aux prises, à l'Eden Park d'Auckland, les deux formations les plus titrées de l'histoire de la compétition : les Blues, numéros un de la saison régulière, et les Crusaders, leurs ambitieux dauphins.

Une finale pour s'apercevoir que la Covid n'aura été qu'une parenthèse. Tenants du titre depuis 2017, les Crusaders ont conservé leur couronne en dominant les Blues (7-21). Onzième titre pour l'équipe de Canterbury. Le virus n'a pas tout bouleversé!

SEKOPE KEPU,
le haka des Moana Pasifika

CHAM

PRO

D2

PION

STADE MONTOIS
USA PERPIGNAN
16-41

5 JUIN 2022
GGL STADIUM
MONTPELLIER

INSUBMERSIBLE AVIRON BAYONNAIS

C'est une aventure qui a commencé par des larmes. Celles versées au stade Aguilera, à Biarritz, le 12 juin 2021, par les hommes de l'Aviron bayonnais, envoyés en Pro D2 par le Biarritz olympique, rival éternel, au bout d'un derby de légende. *« Il y a eu une détresse incroyable le soir de la descente, avec beaucoup de pleurs, le sentiment d'un gros gâchis*, se souvient Yannick Bru, manager de Bayonne, qui avait déjà fait monter le club en 2019. *Il y avait un sentiment de colère envers nous-mêmes, d'injustice, parce qu'on était descendus avec 10 victoires, 46 points, 4 dernières semaines qui avaient été cauchemardesques dans le money time des matchs. Il y avait le sentiment que le destin n'était pas en notre faveur, mais aussi celui de ne pas avoir été à la hauteur. »*

L'idée d'une démission a été envisagée. Mais, après quelques heures de réflexion, Yannick Bru a choisi de rester avec son staff à peine retouché – Jeff Dubois à la place de Rémy Ladauge. *« Il m'a fallu 48 ou 72 heures pour digérer. J'ai reçu des marques d'affection et de soutien comme jamais, qui ont dépassé les cris haineux de ceux qui n'ont pas digéré la descente. »* Des joueurs sont partis – Guillaume Ducat, Aymeric Luc… –, d'autres ne sont pas venus. Mais, avec ceux qui restaient, ils se sont juré de réparer l'accroc. *« J'ai dit à des joueurs que s'ils restaient, je m'engagerais. On a discuté, on a fait un pacte*, dévoile Bru. *On a eu des accords tacites. C'est là que le combat a commencé. »*

Un combat, le mot est choisi à dessein. Attendu au tournant sur tous les terrains de France, l'Aviron bayonnais a dû assumer son statut de favori chaque semaine. D'autant que le président Philippe Tayeb n'avait pas cherché à avancer masqué, indiquant que l'objectif était de terminer dans les deux premiers et de remonter. *« On ne peut pas faire autre chose. »*

Après un début de saison sans faute avec trois succès d'entrée, Nevers – venu arracher le nul à Jean-Dauger (23-23) – a rappelé quand même que rien ne serait offert à ce club mythique. En novembre, deux revers contre le Stade montois (14-33) et Oyonnax (30-21) ont même relégué Bayonne à la 4e place. *« Ce fut une saison incroyablement dure. Il a fallu gérer une pression importante. Le niveau de la Pro D2 ne cesse d'augmenter. Et, parfois, on a fait des erreurs ou on n'a pas répondu aux attentes placées en nous. Le contexte fut parfois anxiogène*, confie Yannick Bru. *Mais ça nous a permis de nous souder. On s'est protégés mutuellement. Ça a créé une force et une énergie entre nous. »*

Et, petit à petit, Bayonne s'est relevé. En mars, un succès à Jean-Dauger contre Oyonnax (52-21) a sonné comme le déclic. *« Le stress était important, il fallait protéger Jean-Dauger et on savait qu'Oyonnax venait pour nous finir »*, raconte Bru. Dès lors, l'Aviron n'allait plus trembler : 2e de la saison régulière, Bayonne éliminait Oyonnax en demi-finale (32-20) et, après deux défaites en saison régulière, faisait parler toute sa puissance, son expérience et sa maîtrise en finale contre Mont-de-Marsan (20-49) pour s'offrir un titre et un retour dans l'élite.

Yannick Bru pouvait quitter le club apaisé : l'Aviron bayonnais avait retrouvé sa place. Il a été champion de France et d'Europe avec Toulouse, il a connu l'équipe de France, mais cette saison restera, il le jure, un sommet d'émotions. Au bout de douze mois de sacrifices, le bonheur. Et une reconnaissance dont Yannick Bru se fait le porte-parole : *« Merci à l'Aviron bayonnais de m'avoir emmené sur son chemin. »*

CHAMPION
PRO D2

STADE MONTOIS
AVIRON BAYONNAIS
20-49

5 JUIN 2022
GGL STADIUM
MONTPELLIER

CARRÉ D'AS

LE RETOUR DE BAYONNE DANS L'ÉLITE EST LE FRUIT D'UNE AVENTURE COLLECTIVE, MAIS COMME DANS TOUTES LES ÉPOPÉES ELLE DOIT BEAUCOUP À DES LEADERS. POUR CETTE SAISON 2021-2022, L'HISTOIRE RETIENDRA QUATRE NOMS.

SIRELI MAQALA, LE PHÉNOMÈNE

L'AVIRON BAYONNAIS L'A LONGTEMPS ATTENDU MAIS, IN FINE, N'A PAS ÉTÉ DÉÇU. MÉDAILLE D'OR À VII AUX JO DE TOKYO AVEC LES FIDJI, SIRELI MAQALA (22 ANS) DEVAIT ATTERRIR AU PAYS BASQUE À LA FIN DE L'ÉTÉ 2021. MAIS, TRÈS VITE, UNE INFORMATION S'EST PROPAGÉE : LE CHAMPION OLYMPIQUE VOULAIT FAIRE MACHINE ARRIÈRE POUR RESTER DANS LE PACIFIQUE ET DISPUTER LE SUPER RUGBY AVEC LA NOUVELLE FRANCHISE DES FIJIAN DRUA. L'ÉTAT-MAJOR DE L'AVIRON BAYONNAIS, POURTANT, A TENU BON ET LE PHÉNOMÈNE, CAPABLE D'ÉVOLUER À L'ARRIÈRE COMME À L'AILE, A FINI PAR ARRIVER FIN OCTOBRE. L'OPINIÂTRETÉ VALAIT LE COUP : 19 MATCHS, 7 ESSAIS – DONT UN DOUBLÉ EN FINALE. DE RETOUR EN TOP 14, BAYONNE SAIT DÉJÀ POUVOIR COMPTER SUR UNE ARME FATALE.

MARIANO GALARZA, LE LEADER

IL A CONNU DES GÉANTS DU RUGBY AUSSI BIEN À COLOMIERS, AU STADE TOULOUSAIN QU'EN ÉQUIPE DE FRANCE. YANNICK BRU, LE MANAGER DE L'AVIRON BAYONNAIS, NE SE LAISSE PAS IMPRESSIONNER AISÉMENT. MAIS IL NE SE FAIT PAS PRIER POUR RACONTER TOUT LE RESPECT QUE LUI INSPIRE MARIANO GALARZA, LE DEUXIÈME LIGNE INTERNATIONAL ARGENTIN DONT IL FIT SON CAPITAINE. JOUEUR DE RUGBY INTRAITABLE, HOMME BRILLANT DANS LE CIVIL AVEC UN DIPLÔME DE MÉDECIN À SON PALMARÈS, GALARZA (35 ANS) FUT UN PARFAIT CHEF DE CORDÉE DANS CETTE AVENTURE POUR UN RETOUR AU SOMMET. « IL PENSE D'ABORD À L'ÉQUIPE AVANT DE PENSER À LUI », SALUE BRU. LE DESTIN LUI A RÉSERVÉ UN BEL ÉPILOGUE : GALARZA A MIS FIN À SA CARRIÈRE EN SOULEVANT LE TROPHÉE DE CHAMPION DE FRANCE DE PRO D2.

STADE MONTOIS
AVIRON BAYONNAIS
20-49

RÉMY BAGET, L'OVNI

EN 2018, IL ÉTAIT LOIN DE RÊVER AU TOP 14. JOUEUR SANS CONTRAT CHEZ LES ESPOIRS DU STADE TOULOUSAIN, RÉMY BAGET (25 ANS) ÉTAIT AUSSI ÉQUIPIER CHEZ MCDONALD'S. LE PLUS TITRÉ DES CLUBS FRANÇAIS N'AVAIT RIEN À LUI OFFRIR, MAIS UN HOMME A PLAIDÉ SA CAUSE : ÉRIC ARTIGUSTE, QUI LE DIRIGEAIT CHEZ LES ESPOIRS TOULOUSAINS, L'A EMBARQUÉ DANS SES BAGAGES LORSQU'IL A REJOINT LE STAFF DE BAYONNE. À L'OMBRE DU STADE JEAN-DAUGER, L'AILIER A TRAVAILLÉ DUR POUR HISSER SES QUALITÉS D'ATHLÈTE AU NIVEAU DE SON TALENT PUR DE RUGBYMAN. IL LUI A FALLU UN PEU DE TEMPS POUR S'ACCLIMATER MAIS, UNE FOIS LANCÉ, IL S'EST RÉVÉLÉ ÊTRE UN MAGICIEN SELON LES MOTS DE JEFF DUBOIS, AUTRE MEMBRE DU STAFF. « UN OVNI », DIT YANNICK BRU. ET DONT LA TRAJECTOIRE EST PARTIE POUR L'EMMENER LOIN. ALORS QU'IL A FINI MEILLEUR MARQUEUR DE PRO D2 AVEC 14 ESSAIS – À ÉGALITÉ AVEC L'OYONNAXIEN BENJAMIN GELEDAN –, L'ÉQUIPE DE FRANCE L'A PLACÉ SUR SA LISTE DES JOUEURS À SURVEILLER.

5 JUIN 2022
GGL STADIUM
MONTPELLIER

MATIS PERCHAUD, L'EXEMPLE

IL COMPTE DÉJÀ PLUS DE MATCHS AU NIVEAU PROFESSIONNEL QU'IL N'A D'ANNÉES AU COMPTEUR. MATIS PERCHAUD (20 ANS), APPARU EN TOP 14 À L'ÂGE DE 18 ANS – UNE EXCEPTION AU POSTE DE PILIER – , A CONFIRMÉ DANS LA RUDE PRO D2 QU'IL POUVAIT ÊTRE UN DIGNE HÉRITIER DE LA CONFRÉRIE DES PILIERS BASQUES. YANNICK BRU, ANCIEN HOMME DE PREMIÈRE LIGNE, L'A EN TOUT CAS ADOUBÉ, L'ALIGNANT À 21 REPRISES LORS DE L'OPÉRATION REMONTÉE. QUALITÉS ATHLÉTIQUES, ÉTAT D'ESPRIT, INVESTISSEMENT : L'AVENIR LUI APPARTIENT. YANNICK BRU LUI FAIT CONFIANCE : « IL EST L'EXEMPLE DE CE QUE DOIT ÊTRE LA FORMATION DES JEUNES PILIERS. »

CHAMPION
PRO D2

STADE MONTOIS
AVIRON BAYONNAIS
20-49

5 JUIN 2022
GGL STADIUM
MONTPELLIER

MARIANO GALARZA,
par la grande porte

SEPT EXTRAORDINAIRE

C'est un club sur invitation, fondé par les quinze héros du Grand Chelem 1977, le deuxième de l'histoire du XV de France. C'est désormais aussi un champion de France : le 13 novembre 2021, les Barbarians ont remporté la deuxième édition de l'In Extenso Supersevens, jeune compétition nationale de rugby à VII. Le triomphe d'une équipe de spécialistes.

Présumés favoris de cette édition 2021 parce qu'ils pouvaient s'appuyer sur des joueurs de l'équipe de France à VII comme Stephen Parez, Jonathan Laugel et le talentueux Joachim Trouabal – vice-champion olympique de la jeunesse en 2018 –, les Barbarians ont assumé et pris le meilleur à La Défense Arena sur Monaco. L'autre invité prestigieux de cette compétition, qui avait remporté deux des trois étapes estivales.

Malgré les légendes de la discipline venues en renfort, comme Cecil Afrika et Dan Norton – recordman du nombre d'essais sur les World Series (358) et médaillé d'argent aux Jeux olympiques de Rio en 2016 –, l'équipe de la Principauté a dû plier devant les forces de l'esprit Baa-baas (40-14).

In Extenso
SUPER
terra
lacta
2
STEF

ACCES

Des de 2004
us@pistes
USAP
LELOU
7
11
10
Jardiland
Sunalya
EIFFAGE
IMMOBILIA

SION

TOP 14

ACCESSION
TOP 14

STADE MONTOIS
USA PERPIGNAN
16-41

12 JUIN 2022
STADE ANDRÉ-ET-GUY-BONIFACE
MONT-DE-MARSAN

SEMPRE ENDAVANT !

De retour en Top 14 au printemps 2021 à la faveur d'un titre de champion de France de Pro D2 décroché contre Biarritz, l'USA Perpignan (Usap) se savait face à une mission immense : conserver son statut de club d'élite plus longtemps que lors de son précédent passage – une sombre parenthèse en 2018-2019 avec deux succès au compteur. Dans un championnat toujours plus concurrentiel, où l'argent n'est jamais loin de dicter sa loi, avec une montée tardivement actée et donc mécaniquement peu de temps pour se préparer, Perpignan a eu l'intelligence de se conditionner à devoir mener un long combat l'année de ses 120 ans.

Un objectif avoué dès le départ : viser la 13e place, synonyme de barrage. L'humilité comme secret. Car s'ils ont été timides en début de saison, les Catalans se sont révélés de mieux en mieux organisés au fil des journées, et ils ont même failli valider le maintien directement. Le miracle fut fuyant d'un rien. Il s'est joué sur une victoire de Brive sur le terrain d'un Stade français démobilisé à la 26e journée (17-33), rendant vain un succès prestigieux de l'Usap contre l'Union Bordeaux Bègles (22-15)...

Il fallait donc en passer par un barrage contre Mont-de-Marsan, finaliste malheureux de Pro D2. Un barrage comme un écueil : jamais, jusqu'ici, l'équipe de Top 14 n'était parvenue à sauver sa peau. *« Aucun club de Top 14 ne l'a fait, on va regarder la finale de Marseille en foot il y a trente ans et on va essayer d'être à jamais les premiers »*, promettait Patrick Arlettaz, entraîneur en chef de Perpignan. Avec le staff, ils ont visiblement trouvé les bons ressorts. Face au Stade montois, sous le soleil brûlant des Landes, l'Usap a relevé le défi avec brio.

C'était mal parti avec un premier essai montois après seulement cinq minutes de jeu. Mais les Catalans ne se sont jamais affolés. Relancés par un essai de Melvyn Jaminet, qui signait son premier essai de la saison en guise de cadeau de départ avant de rejoindre le Stade toulousain, les Perpignanais gardaient leurs nerfs face aux vagues montoises. Et avaient le bon goût de sanctionner les moindres fautes grâce à la précision du buteur Jaminet, avant de faire basculer le match quand le Stade montois passait à quatorze, avec un essai signé Jerónimo De la Fuente.

Plus puissants, mieux préparés, les Catalans éteignaient les derniers espoirs, infligeant 2 essais supplémentaires par Lucas Dubois et Tristan Tedder (16-41). Une épopée à l'image du club : de sang et d'or. Au bout, une nouvelle aventure à vivre dans l'élite, la 98e de l'histoire de Perpignan, et une légende qui se prolonge pour le club aux sept Brennus.

TOP 14
ACCES

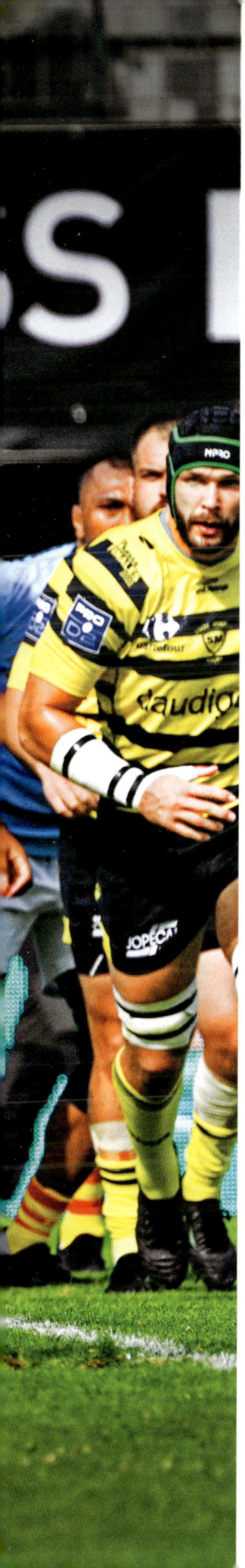

LÉO COLY, *pépite landaise*

12 JUIN 2022
STADE ANDRÉ-ET-GUY-BONIFACE
MONT-DE-MARSAN

AU PIED DU RÊVE

C'EST L'HISTOIRE D'UNE RÉSURRECTION. D'UNE ÉQUIPE QUI, AU PRINTEMPS 2021, TRAÎNAIT SA MISÈRE EN FOND DE CLASSEMENT DE PRO D2, LUTTANT POUR NE PAS QUITTER LE MONDE PROFESSIONNEL. D'UNE ÉQUIPE QUI A GRANDI À TRAVERS LES ÉPREUVES, Y PUISANT UN SUPPLÉMENT D'ÂME ET UNE FAROUCHE DÉTERMINATION, POUR SIGNER UN EXERCICE 2021-2022 REMARQUABLE : 23 VICTOIRES, 25 FOIS LEADER EN 30 JOURNÉES. LE STADE MONTOIS DANS LE SILLAGE DE SA PÉPITE, LE TALENTUEUX DEMI DE MÊLÉE LÉO COLY, MEILLEUR RÉALISATEUR DU CHAMPIONNAT, POUVAIT SE PERMETTRE DE RÊVER À UN RETOUR PARMI LES GRANDS, DIX ANS APRÈS SON DERNIER PASSAGE EN TOP 14 (2012-2013)…

LAS, LES PLUS BELLES AVENTURES HUMAINES NE SONT PAS IMMUNISÉES CONTRE LES AFFRES DES PHASES FINALES, CES MATCHS COUPERETS SI SOUVENT CRUELS. EN DEMI-FINALE, LES HOMMES DE PATRICK MILHET ET STÉPHANE PROSPER, SECONDÉS PAR LES EX DE LA MAISON RÉMI TALÈS ET JULIEN TASTET, ONT TENU LEUR RANG CONTRE NEVERS (26-15). SEULEMENT, EN FINALE, BAYONNE, POURTANT BATTU DEUX FOIS EN SAISON RÉGULIÈRE, ÉTAIT TROP FORT.

IL RESTAIT UN RENDEZ-VOUS POUR LAISSER CETTE SAISON EN BONNE PLACE DANS LA LÉGENDE DU CLUB. UN ACCESS MATCH POUR RETROUVER LE TOP 14. MALHEUREUSEMENT, LA REMOBILISATION S'EST HEURTÉE À LA DÉTERMINATION DE PERPIGNAN : APRÈS SEIZE VICTOIRES DE RANG À DOMICILE, LE STADE MONTOIS EST TOMBÉ AU PIRE MOMENT DANS SON STADE ANDRÉ-ET-GUY-BONIFACE. UN GRAND COMBAT LIVRÉ, MAIS UNE BALANCE QUI FINIT PAR PENCHER DU MAUVAIS CÔTÉ ET, AU BOUT, UNE DÉFAITE SANS APPEL (16-41).

C'EST FRUSTRANT ET CELA RESSEMBLE À UNE SAISON POUR RIEN. MAIS IL NE FAUT PAS SE FIER AUX APPARENCES : À MONT-DE-MARSAN, UNE FLAMME S'EST RALLUMÉE. ET AU RUGBY PLUS QU'AILLEURS, LA FIERTÉ C'EST BEAUCOUP.

LA DEMONTADA ESPAGNOLE

Déjà disqualifiée de la Coupe du monde 2019 au Japon, l'Espagne connaît le même sort quatre ans plus tard. Même cause, même effet : à chaque fois, la sélection ibérique aligne des joueurs qui, en vertu du règlement relatif à l'éligibilité des joueurs de World Rugby, n'ont pas le droit de figurer sur la feuille de match. La situation, tellement grotesque par la répétition de l'erreur, de la négligence ou de la tricherie, prêterait à sourire si les responsables de cette demontada n'avaient pas ruiné l'espoir des internationaux espagnols de disputer la compétition suprême. Parmi eux, de nombreux joueurs évoluant dans les championnats français, notamment en Pro D2 – comme à Bayonne, Béziers ou Carcassonne.

Le ticket pour la Coupe du monde 2023, vingt-quatre ans après la dernière et unique participation de l'Espagne à l'épreuve, est validé à Madrid le 13 mars, où les locaux dominent le Portugal de Patrice Lagisquet (33-28). Les Leones doivent retrouver l'Afrique du Sud, l'Irlande et l'Écosse dans la poule B. Mais patatras : l'Espagne avait aligné le pilier sud-africain Gavin Van den Berg à deux reprises face aux Pays-Bas (victoires 7-52 en décembre 2021 et 43-0 en février 2022) lors du Tournoi des 6 nations B, qualificatif pour le Mondial. Et celui-ci n'avait pas résidé en Espagne pendant trois ans sans interruption de plus de soixante jours, condition nécessaire pour être éligible.

Fin avril, une commission judiciaire indépendante impose à la Fédération espagnole une amende de près de 30 000 euros et une déduction de points pour son équipe nationale, par conséquent non qualifiée pour le Mondial 2023. Décision confirmée en appel au mois de juin. Dans la foulée, Alfonso Feijoo, le président de la Fédération espagnole depuis 2014, démissionne.

En 2019, la Russie avait profité de la légèreté espagnole pour aller au pays du Soleil Levant. Cette fois, c'est la Roumanie qui prendra sa place. Par ricochet, le Portugal, lui, prendra part au tournoi qualificatif final organisé en novembre 2022, à la place de la Roumanie. Quel bide!

…ED QUERCY,
…ibérique

DEMI-

FI

TOP 14

NALES

DEMI-FINALES
TOP 14

STADE TOULOUSAIN
CASTRES OLYMPIQUE
24-18

17 JUIN 2022
ALLIANZ RIVIERA
NICE

LA GRIFFE DU PUMA

Les grands matchs comme un révélateur de talent. Ancien de la maison castraise avant de choisir de poursuivre son ascension au Stade toulousain, le troisième ligne international Anthony Jelonch savait mieux que quiconque qu'il faudrait se méfier en demi-finale de l'ouvreur vétéran du Castres olympique (CO), Benjamín Urdapilleta (36 ans). Il savait mais, comme ses coéquipiers, il n'a rien pu faire pour museler l'ex-international argentin (16 sélections). Avec élégance, Jelonch a seulement constaté les dégâts : *« Il a fait un grand match. C'est un grand joueur sur ces matchs-là… »*

Ses 14 points inscrits, avec une seule tentative ratée, suffisent à en attester. Seulement, Urdapilleta – parfaitement coordonné avec son demi de mêlée, l'Uruguayen Santiago Arata – a été bien plus qu'un buteur : un maître à jouer. Il a renvoyé Toulouse dans son camp, a bataillé sur chaque duel et a exploité tous les espaces. Son service au pied pour le nº 14 Geoffrey Palis en première mi-temps n'était pas loin de faire mouche, mais l'essai fut refusé. Il a quand même fini par trouver la faille pour sceller la qualification du CO : sur une situation de drop, il s'est adapté pour décaler l'ailier Filipo Nakosi qui n'avait plus qu'à servir l'arrière Julien Dumora, auteur de l'essai de la qualification.

Inoxydable Urdapilleta, arrivé à Castres en 2015 en provenance d'Oyonnax, qu'il avait contribué à hisser quelques années plus tôt dans l'élite après un sacre en Pro D2. Ce n'était pas son premier titre, lui qui avait été couronné avec les Harlequins en Angleterre en 2012. Mais, à l'époque, l'ouvreur de Buenos Aires n'était qu'un joueur de complément. En France, il a franchi les étapes une à une pour s'imposer comme un grand. Le nº 10, qui a dépassé les 2 000 points inscrits en Top 14 en 2022, a été champion de France de Pro D2 puis de Top 14 en 2018 avec Castres, s'offrant un record en prime, celui du plus grand nombre de points inscrits sur un match (33 en février 2021). L'histoire d'un Argentin qui ne lâche rien.

Avant d'arriver à l'Allianz Riviera de Nice, il regardait déjà vers le Stade de France, qu'importe si le Stade toulousain était sur sa route. Alors, quand Castres fut mené 0-10, il s'est refusé à paniquer. Sûr de sa prédestination, sûr de pouvoir guider les siens vers les sommets. Et il a réussi, à coups de pénalités et de passes décisives, jusqu'à s'imposer homme du match (victoire 24-18). Il pouvait sourire avant de rallier Paris : *« Peut-être que les journalistes ou nos supporters n'y croyaient pas, mais en interne on est sûrs de nos forces… »*

DEMI-FINALES
TOP 14

STADE TOULOUSAIN
CASTRES OLYMPIQUE
24-18

17 JUIN 2022
ALLIANZ RIVIERA
NICE

LE ROI EST NU

« ON NE PERD JAMAIS, ON GAGNE OU ON APPREND. NOUS AVONS VÉCU DES MOMENTS EXTRAORDINAIRES ET PERDU UN PEU L'HABITUDE D'APPRENDRE. » AINSI PARLAIT ANTOINE DUPONT, MEILLEUR JOUEUR DU MONDE, APRÈS L'ÉLIMINATION EN DEMI-FINALE CONTRE LE CASTRES OLYMPIQUE. EFFECTIVEMENT, TOULOUSE AVAIT PERDU L'HABITUDE DES SYMPHONIES INACHEVÉES : LE PLUS TITRÉ DES CLUBS FRANÇAIS AVAIT SIGNÉ UN DOUBLÉ CHAMPIONS CUP ET BRENNUS EN 2021, CONSERVANT UN BOUCLIER ACQUIS MAGISTRALEMENT EN 2019 ET NON ATTRIBUÉ EN 2020 EN RAISON DE LA PANDÉMIE. MAIS, EN 2022, LE ROI FUT DÉCHU : DOMINÉ EN DEMI-FINALE DE LA COUPE D'EUROPE PAR LE LEINSTER (40-17), IL EST ÉGALEMENT TOMBÉ CONTRE LE CO (24-18) AUX PORTES DE LA FINALE DE TOP 14.

AU BOUT, UNE SAISON RATÉE? LE MANAGER TOULOUSAIN, UGO MOLA, A IRONISÉ : « QUAND TU FAIS DEUX DEMI-FINALES ET QUE ÇA SE JOUE SUR PAS GRAND-CHOSE, OUI, TU PEUX DIRE QUE C'EST RATÉ… C'EST VOTRE INTERPRÉTATION. » ELLE SERAIT UN BRIN CRUELLE…

PARTIS TRÈS FORT ET LEADERS DU CHAMPIONNAT JUSQU'AU MOIS DE NOVEMBRE, LES ROUGE ET NOIR ONT ENSUITE SOUFFERT EN RAISON DES ABSENCES DE LEURS INTERNATIONAUX MOBILISÉS SUR D'AUTRES FRONTS, NOTAMMENT LA CONQUÊTE D'UN GRAND CHELEM. DANS CE CONTEXTE, LE CLUB DE LA VILLE ROSE A MÊME TREMBLÉ, SIGNANT AU CŒUR DE L'HIVER UN SOMBRE RECORD DANS SON HISTOIRE AVEC SIX DÉFAITES CONSÉCUTIVES EN CHAMPIONNAT.

MALGRÉ CELA, MALGRÉ LES REPORTS ET LES ANNULATIONS DE MATCHS, TOULOUSE A RÉUSSI À SE REMOBILISER POUR JOUER JUSQU'AU BOUT SUR DEUX TABLEAUX. TANT PIS S'IL A FALLU EN PASSER PAR UN BARRAGE À ERNEST-WALLON CONTRE LE CHAMPION D'EUROPE ROCHELAIS. MAIS CES EFFORTS ONT EU UN PRIX : EN DEMI-FINALE, À NICE, POUR UN DERBY DÉLOCALISÉ CONTRE DES OLYMPIENS POURTANT HUMILIÉS À L'AUTOMNE (41-0; 8E JOURNÉE), LE CLUB HAUT-GARONNAIS N'AVAIT PLUS L'ÉNERGIE POUR ÉTEINDRE LES ENRAGÉS DU CO.

TROP INDISCIPLINÉ, INCAPABLE DE TENIR LE BALLON, MOINS PRÉCIS FACE AUX POTEAUX, LE STADE TOULOUSAIN N'A PAS PU – POUR UNE FOIS – ÊTRE SAUVÉ PAR SES LEADERS. ET MALGRÉ UN DÉPART CANON, AVEC UN ESSAI DE L'AILIER MATTHIS LEBEL À LA 2E MINUTE, A DÛ S'INCLINER. DES LEÇONS À RETENIR, FORCÉMENT, POUR UNE ÉQUIPE QUI A DIT ADIEU À DES LÉGENDES – COMME MAXIME MÉDARD ET IOSEFA TEKORI –, TOUT EN SE PRÉPARANT À ACCUEILLIR DES PÉPITES – ANGE CAPUOZZO, PIERRE-LOUIS BARASSI, MELVYN JAMINET. UN TEST DE CARACTÈRE ÉGALEMENT. UGO MOLA, LUI, REGARDAIT DEVANT : « RENDEZ-VOUS L'AN PROCHAIN. »

DEMI-FINALES
TOP 14

MONTPELLIER HR
UNION BORDEAUX BÈGLES
19-10

18 JUIN 2022
ALLIANZ RIVIERA
NICE

L'ÉTOFFE DES HÉROS

C'est une confession passée un peu inaperçue au printemps 2021 et qui résonne *a posteriori* comme une promesse discrète de grands soirs. Philippe Saint-André (PSA), ancien capitaine de l'équipe de France, ancien sélectionneur aussi, entraîneur titré en Angleterre, avait donné sa parole au bout d'une saison infernale : *« Je peux vous assurer que le MHR (Montpellier Hérault Rugby) est un vrai club de rugby. »* De retour aux affaires cinq ans après sa dernière expérience, il venait alors de sauver le club d'une relégation qui lui pendait au nez et de guider en parallèle Montpellier jusqu'au sacre en Challenge Cup.

Saint-André est un homme qui connaît ce jeu, et le MHR effectivement bien plus qu'une succursale de l'empire économique de son président, Mohed Altrad. Sinon, comment expliquer qu'après avoir tutoyé les enfers, Montpellier soit revenu un an plus tard au premier plan du rugby français, dominant l'Union Bordeaux Bègles (UBB) en demi-finale (19-10), à Nice, pour s'offrir la troisième finale de son histoire après les épisodes 2011 et 2018 ?

Deuxième de la saison régulière, le MHR n'était évidemment pas un invité complètement surprenant à ce stade de la compétition, mais il a fallu du caractère et un épatant supplément d'âme, visible dans le chef-d'œuvre défensif livré à Nice, pour museler ainsi une équipe bordelaise que son entraîneur Christophe Urios avait préparée au combat. Il a fallu des ressources pour faire oublier les absences sur blessure de ses cadors que sont le pilier Enzo Forletta, le deuxième ligne des Bleus Paul Willemse, ainsi que le demi de mêlée et champion du monde sud-africain Cobus Reinach.

Il a fallu des convictions fortes pour choisir de ne pas placer le troisième ligne emblématique Fulgence Ouedraogo sur la feuille de match ; pour confirmer des joueurs de retour de blessure, comme le centre Arthur Vincent ; et pour confier des responsabilités au demi de mêlée et buteur géorgien Gela Aprasidze, auteur de 2 pénalités lointaines décisives. Il a fallu croire en un destin, celui de Philippe Saint-André, finaliste du championnat de France comme joueur en 1994 avec Clermont-Ferrand, mais jamais comme entraîneur.

Sitôt venait-il de gagner le privilège de retrouver le Stade de France, où il ne s'est pas toujours amusé lors de son passage à la tête du XV de France, que PSA rappelait à ses hommes que ce soir de bonheur *« n'était qu'une demi-finale »*... Et si cela résonnait déjà comme une victoire pour l'ancien cancre du championnat, ce n'était qu'une étape pour le patron du MHR, aussi fier d'entraîner cette équipe que déterminé à la sublimer. Pour lui, Montpellier est simplement à sa place avec les grands. Que la France du rugby ait pu en douter est une raison supplémentaire de se lever : *« J'aurais aimé un peu plus de respect à l'égard de mes joueurs. »* Vrai club, vrais personnages.

DEMI-FINALES
TOP 14

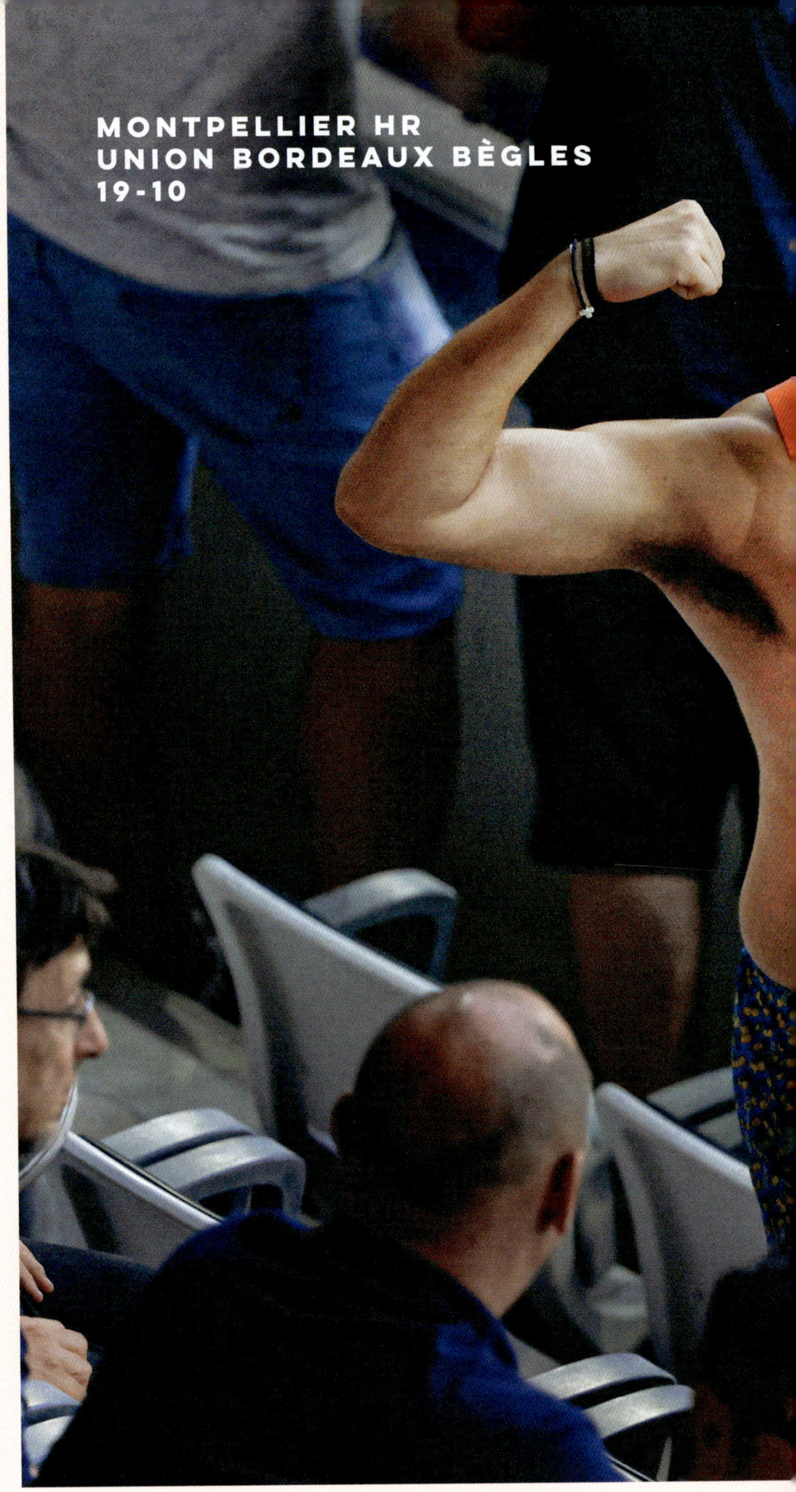

L'UNION À BOUT DE FORCES

LES BORDELAIS ÉTAIENT EN MISSION ET ILS ONT ÉCHOUÉ. EN MISSION POUR OFFRIR UNE SORTIE ROYALE À LEURS DEUX ANCIENS INTERNATIONAUX, LOUIS PICAMOLES ET FRANÇOIS TRINH-DUC. LE BRENNUS COMME ÉPILOGUE RÊVÉ DE DEUX CARRIÈRES IMMENSES. APRÈS UN BARRAGE REMPORTÉ CONTRE LE RACING 92 (36-16) AU STADE CHABAN-DELMAS, C'EST L'OUVREUR MATTHIEU JALIBERT QUI A LEVÉ LE VOILE SUR LA MOTIVATION DES JOUEURS DE L'UNION BORDEAUX BÈGLES AU BOUT D'UNE SAISON INTENSE : « J'AI JUSTE ENVIE DE DIRE QUE NOUS, ON NE JOUE PAS POUR CHRISTOPHE URIOS. ON EST EN MISSION POUR DES JOUEURS COMME FRANÇOIS (TRINH-DUC) ET LOUIS (PICAMOLES), POUR LES FAIRE PARTIR PAR LA GRANDE PORTE. »

L'AVENTURE HUMAINE COMME UN MOTEUR SUR LE SENTIER DE LA GLOIRE. MAIS AUSSI, EN PARALLÈLE, UN TÉMOIGNAGE DE LA RÉVOLTE ANIMANT CE GROUPE BORDELAIS, PIQUÉ PAR SON MANAGER CHRISTOPHE URIOS AVANT L'OUVERTURE DE LA PHASE FINALE. URIOS, L'HOMME QUI A EMMENÉ L'UBB À DES HAUTEURS INÉDITES POUR ELLE, AVAIT DONC CHOISI DE VEXER SON GROUPE AU SOIR DU DERNIER RENDEZ-VOUS DE SAISON RÉGULIÈRE PERDU CONTRE PERPIGNAN (22-15).

PARTIE TRÈS FORT AVEC NEUF VICTOIRES ET UN NUL SUR LA PHASE ALLER, LEADER INTOUCHABLE JUSQU'AU MOIS DE FÉVRIER, L'UBB S'ÉTAIT ENSUITE ÉTIOLÉE, MINÉE PAR LES BLESSURES – DONT CELLE DE SON MAÎTRE À JOUER MATTHIEU JALIBERT – ET LES ABSENCES DES INTERNATIONAUX MOBILISÉS POUR LE TOURNOI. DANS LE DUR À L'ORÉE DU PRINTEMPS AVEC UNE SÉRIE DE HUIT DÉFAITES EN NEUF MATCHS TOUTES COMPÉTITIONS CONFONDUES, L'UBB EST SORTIE DU TOP 2 LORS DE L'ULTIME ROUND, DEVANT DONC EN PASSER PAR UN BARRAGE PÉRILLEUX. URIOS A AVOUÉ SA COLÈRE ET POINTÉ DU DOIGT SES LEADERS. « J'AI SOULEVÉ UNE TEMPÊTE POUR ÉVEILLER LES MECS, CONFIERA-T-IL. JE ME SUIS MIS LE VESTIAIRE À DOS. C'EST LA PREMIÈRE FOIS QUE ÇA M'ARRIVE. TOUS

18 JUIN 2022
ALLIANZ RIVIERA
NICE

CONTRE MOI POUR ALLER À LA GUERRE. »

EN BARRAGE, C'EST PASSÉ AVEC DES LEADERS IMPECCABLES. MAIS EN DEMI-FINALE, À NICE, FACE AU MONTPELLIER HÉRAULT RUGBY POURTANT DOMINÉ DEUX FOIS EN SAISON RÉGULIÈRE, LA RÉBELLION N'A PAS PORTÉ SES FRUITS COMME ESPÉRÉ. CONTRE UN MHR AGRESSIF EN DIABLE, DOMINATEUR DANS LES DUELS ET IMPLACABLE DANS LE COMBAT D'AVANTS, L'UBB, MUSELÉE, N'A JAMAIS PU DÉVELOPPER SON JEU. ET, MALGRÉ JALIBERT, A FINI PAR CÉDER (19-10). UN DEUXIÈME REVERS D'AFFILÉE À CE STADE DE LA COMPÉTITION. « UNE DÉFAITE LOGIQUE », SELON URIOS. MAIS QUI NE DOIT PAS ÉTEINDRE L'ESPOIR SELON LE CAPITAINE MAHAMADOU DIABY : « CE N'EST PAS UN COUP D'ARRÊT, JUSTE UNE ÉTAPE. IL FAUT CONTINUER, ÇA VA NOUS SOURIRE UN JOUR. » LA MISSION PRENDRA SIMPLEMENT D'AUTRES CONTOURS.

SERIAL MARQUEUR

C'est une transformation réussie à la 69e minute de la 26e – et dernière – journée de Top 14 qui s'est révélée précieuse. Elle n'a pas permis au Lyon olympique universitaire (LOU) de battre le Stade rochelais et de se qualifier en phase finale. Mais elle a permis à Léo Berdeu (24 ans), l'ouvreur et buteur du LOU, de se faire une place au tableau d'honneur de cette saison : pour un point, il a coiffé Antoine Hastoy (Section paloise) et s'est adjugé le titre de meilleur réalisateur du championnat (251 points).

Un avènement magnifique pour celui qui fut éduqué au rugby à Grasse puis à Toulon avant de rejoindre les Espoirs de Lyon. Invité à s'aguerrir en prêt à Agen entre 2018 et 2020, Berdeu avait joué un rôle capital dans les opérations maintien du club lot-et-garonnais. Mais le retour à Lyon est apparu délicat. D'abord remplaçant, il s'est retrouvé ensuite soumis en 2021-2022 à une concurrence redoutable, celle de Lima Sopoaga – 16 sélections avec les All Blacks.

Tenté par un départ, Berdeu, guidé par le manager lyonnais Pierre Mignoni, a pourtant su profiter de l'arrivée tardive de Sopoaga pour saisir sa chance. Piqué par le défi, il s'est montré au niveau, assumant les responsabilités de chef d'orchestre, mais aussi celles de buteur. Insensible à la pression, il a donc signé un doublé : en même temps meilleur réalisateur du Challenge européen (71 points) et du Top 14. Berdeu a bien grandi, en témoigne son entrée dans les radars du XV de France. Sa saison aura bien été celle d'une transformation…

LÉO BERDEU,
entre les perches

FINALE

TOP 14

FINALE
TOP 14

CASTRES OLYMPIQUE
MONTPELLIER HR
10-29

24 JUIN 2022
STADE DE FRANCE
SAINT-DENIS

HANDRÉ POLLARD,
menu arrêt buffet

FINALE
TOP 14

CASTRES OLYMPIQUE
MONTPELLIER HR
10-29

24 JUIN 2022
STADE DE FRANCE
SAINT-DENIS

MONTPELLIER HÉROS

C'était une finale qui s'annonçait rude, âpre, intense et très disputée entre les deux premiers de la saison régulière. Mais de suspense, il n'y en a pourtant pas eu lors de ce 123e épilogue du championnat de France, remake de celui de 2018. La faute aux « *affamés* » du Montpellier Hérault Rugby (MHR), comme le manager Philippe Saint-André (PSA) s'est plu à dépeindre ses hommes, revanchards et désireux d'écrire l'histoire. Des Héraultais survoltés, qui ont assommé les Tarnais en quinze minutes pour plier définitivement la rencontre.

D'un côté, une équipe euphorique ; de l'autre, une formation qui a traversé un jour noir. Après cinq minutes de jeu, un dégagement raté de Geoffrey Palis a rendu le ballon aux Montpelliérains. Derrière, l'Anglais Zach Mercer, joueur majeur de l'épopée du MHR, a délivré une passe parfaite à Arthur Vincent pour porter le premier coup (0-5 ; 6e). Quatre minutes plus tard, il n'est question que de puissance : après un retour dans le camp du Castres olympique (CO), une touche de Guilhem Guirado permet de lancer un ballon porté, puis une attaque des trois-quarts. Benoît Paillaugue est repris sur la ligne, mais le deuxième ligne Florian Verhaeghe, au soutien, trouve la faille pour conclure (0-12 ; 10e). À peine le temps d'effectuer le renvoi que le CO rend le ballon, ouvrant la voie à une nouvelle attaque létale de Montpellier : percussion de Mercer, renversement, ballon écarté et passe croisée de l'ailier Arthur Vincent pour l'arrière Anthony Bouthier (0-17 ; 12e).

Castres vacille et son maître à jouer Benjamín Urdapilleta est contraint de sortir sur blessure. Le MHR, qui ajoute 3 points par Paillaugue, va perdre aussi un leader avec une commotion encaissée par Guirado. Mais les protégés de PSA sont imperturbables. Castres, mené 3-23, joue son va-tout, mais se heurte à la défense héraultaise. Tour à tour, Julien Dumora et Wayan De Benedittis échouent à aplatir dans l'en-but. Et réduit à quatorze après un carton jaune infligé à Nico van Rensburg, Montpellier s'envole avec une pénalité de Paolo Garbisi (3-26 ; 67e). L'essai du CO signé Vilimoni Botitu, après une jolie passe au pied de Santiago Arata, n'était inscrit que pour sauver l'honneur (10-26 ; 75e). Si quelqu'un en doutait, une ultime pénalité du champion du monde sud-africain Handré Pollard (10-29 ; 77e) le confirmait dans la foulée.

Fulgence Ouedraogo, l'homme d'un seul club, exceptionnel de dignité face au choix du staff de ne pas l'aligner, pouvait raccrocher avec un Brennus, comme Guilhem Guirado. Sortie comme dans un rêve pour Benoît Paillaugue, en partance pour Toulon. Retour sublime pour Geoffrey Doumayrou, vaincu un an plus tôt avec La Rochelle. Graal atteint pour Anthony Bouthier, passé de la Fédérale 1 au plus beau des titres en huit ans, et Zach Mercer, Anglais contraint de s'exiler pour s'épanouir... Tous ont marqué l'histoire d'un club né en 1986 et devenu le 28e club à inscrire son nom sur le Brennus, le premier nouveau venu dans ce cercle fermé après Clermont-Ferrand en 2010.

FINALE
TOP 14

CASTRES OLYMPIQUE
MONTPELLIER HR
10-29

PHILIPPE SAINT-ANDRÉ ET GUILHEM GUIRADO, le câlin qui fait du bien

24 JUIN 2022
STADE DE FRANCE
SAINT-DENIS

RESPECT MONSIEUR SAINT-ANDRÉ

C'EST CRUEL ET IMPLACABLE MAIS, BIEN SOUVENT, C'EST AINSI QUE VA LA MÉMOIRE DES HOMMES FACE À L'ÉCHEC D'UN CHAMPION : QUAND CELUI-CI MET UN GENOU À TERRE, UN VOILE EST JETÉ SUR TOUT CE QU'IL A PU ACCOMPLIR PLUS TÔT. PHILIPPE SAINT-ANDRÉ, SES 69 SÉLECTIONS, SES 34 CAPITANATS AVEC LE XV DE FRANCE, SES VICTOIRES SUR LES TERRES DES ALL BLACKS, SES TITRES COMME ENTRAÎNEUR AVEC SALE EN ANGLETERRE, C'EST COMME SI RIEN N'AVAIT JAMAIS EXISTÉ. UN PASSÉ ÉCRASÉ PAR LE DERNIER CHAPITRE : UNE AVENTURE SANS ÉCLAT COMME SÉLECTIONNEUR DES BLEUS AVEC, EN POINT D'ORGUE, UNE HUMILIATION CONTRE LES ALL BLACKS EN QUART DE FINALE DE LA COUPE DU MONDE 2015 (62-13).

PSA MOQUÉ, PSA OUBLIÉ, JUSQU'À RESTER PLUS DE QUATRE ANNÉES EN MARGE DU MILIEU, SINON POUR DEUX MISSIONS PONCTUELLES AVEC LE CAMEROUN ET LE CANADA. JUSQU'À CET APPEL EN JANVIER 2020 DE MOHED ALTRAD, PATRON DE MONTPELLIER, QUI CHERCHAIT UN SUCCESSEUR À VERN COTTER AU POSTE DE DIRECTEUR DU RUGBY. « MON RÔLE EST D'ACCOMPAGNER LA MUTATION DU CLUB », DISAIT SAINT-ANDRÉ. HEUREUX DE PRENDRE DE LA HAUTEUR, IL VOULAIT SE TENIR À DISTANCE DU MÉTIER D'ENTRAÎNEUR. SEULEMENT, LE CONTEXTE MONTPELLIÉRAIN L'A REMIS DANS LE BAIN. EN JANVIER 2021, ALORS QUE LE MHR EST EN DANGER, PSA S'ENTRETIENT AVEC SON PRÉSIDENT À QUI IL PROPOSE TROIS OPTIONS : « LA PREMIÈRE, C'ÉTAIT QUE JE PASSE MANAGER ET QUE XAVIER GARBAJOSA RESTE ENTRAÎNEUR DE L'ATTAQUE ET DES TROIS-QUARTS. LA SECONDE, POUR FAIRE UN ÉLECTROCHOC, C'ÉTAIT QUE L'ON SE SÉPARE DE XAVIER. J'AI AUSSI PROPOSÉ UNE TROISIÈME OPTION : MA DÉMISSION ET CELLE DE XAVIER. MOHED A RÉFLÉCHI ET A DÉCIDÉ », RACONTAIT PSA. LE PRÉSIDENT A CHOISI : SAINT-ANDRÉ MANAGER AVEC DEUX ADJOINTS, OLIVIER AZAM ET JEAN-BAPTISTE ELISSALDE.

« MÊME SI ÇA MARCHE TRÈS TRÈS BIEN, JE SUIS LÀ EN MISSION JUSQU'À FIN JUIN. JE NE CONTINUERAI PAS ENSUITE SUR LE TERRAIN, PARCE QUE JE L'AI FAIT PENDANT VINGT ANS », PRÉVIENT L'ANCIEN BOSS DES BLEUS. ÇA MARCHE TRÈS BIEN : MAINTIEN ET VICTOIRE EN CHALLENGE CUP. ALORS LES PROMESSES SONT BALAYÉES ET, À L'ÉTÉ 2021, LE MHR REPART DANS LA MÊME CONFIGURATION. C'ÉTAIT LA BONNE FORMULE. MONTPELLIER TERMINE 2E DE LA SAISON RÉGULIÈRE, ÉCARTE BORDEAUX EN DEMI-FINALE (19-10) ET TERRASSE CASTRES AU STADE DE FRANCE. PHILIPPE SAINT-ANDRÉ PEUT SOULEVER UN BOUCLIER DE BRENNUS QUI S'ÉTAIT DÉROBÉ À LUI ET CLERMONT, DIX-HUIT ANS PLUS TÔT, CONTRE TOULOUSE… UN CHAMPION RELÈVE TOUJOURS LA TÊTE.

LE PRINCE ARTHUR

La saison venait à peine de débuter qu'Arthur Vincent devait déjà abandonner ses frères d'armes. Le 2 octobre, lors de la réception de La Rochelle (21-11; 5e journée de Top 14), le centre international (14 sélections) était victime d'une rupture ligamentaire à un genou. Un accident théoriquement synonyme de fin de saison. Mais Arthur Vincent, capitaine et étendard de la nouvelle génération du MHR, capable de refuser les avances du Stade toulousain pour grandir avec son club de toujours, n'a pas abdiqué, travaillant dur pour revenir au plus vite. Et, contre toute attente, lors de la 26e journée, l'ex-champion du monde des moins de 20 ans a pu revenir au jeu. Quelques minutes pour se rassurer, et puis un statut de titulaire en phase finale.

Nº 14 face à Castres au Stade de France, Arthur Vincent assume les attentes en mettant, pour son 50e match de Top 14, le MHR sur de bons rails : un essai de funambule après cinq minutes et une passe décisive pour Anthony Bouthier à la 12e. Un retour transcendant pour marquer l'histoire de son club de toujours. Il pouvait en avoir les larmes aux yeux : « C'est exceptionnel, il n'y a pas de mot pour décrire ça. »

24 JUIN 2022
STADE DE FRANCE
SAINT-DENIS

ARTHUR VINCENT,
en mode raffut

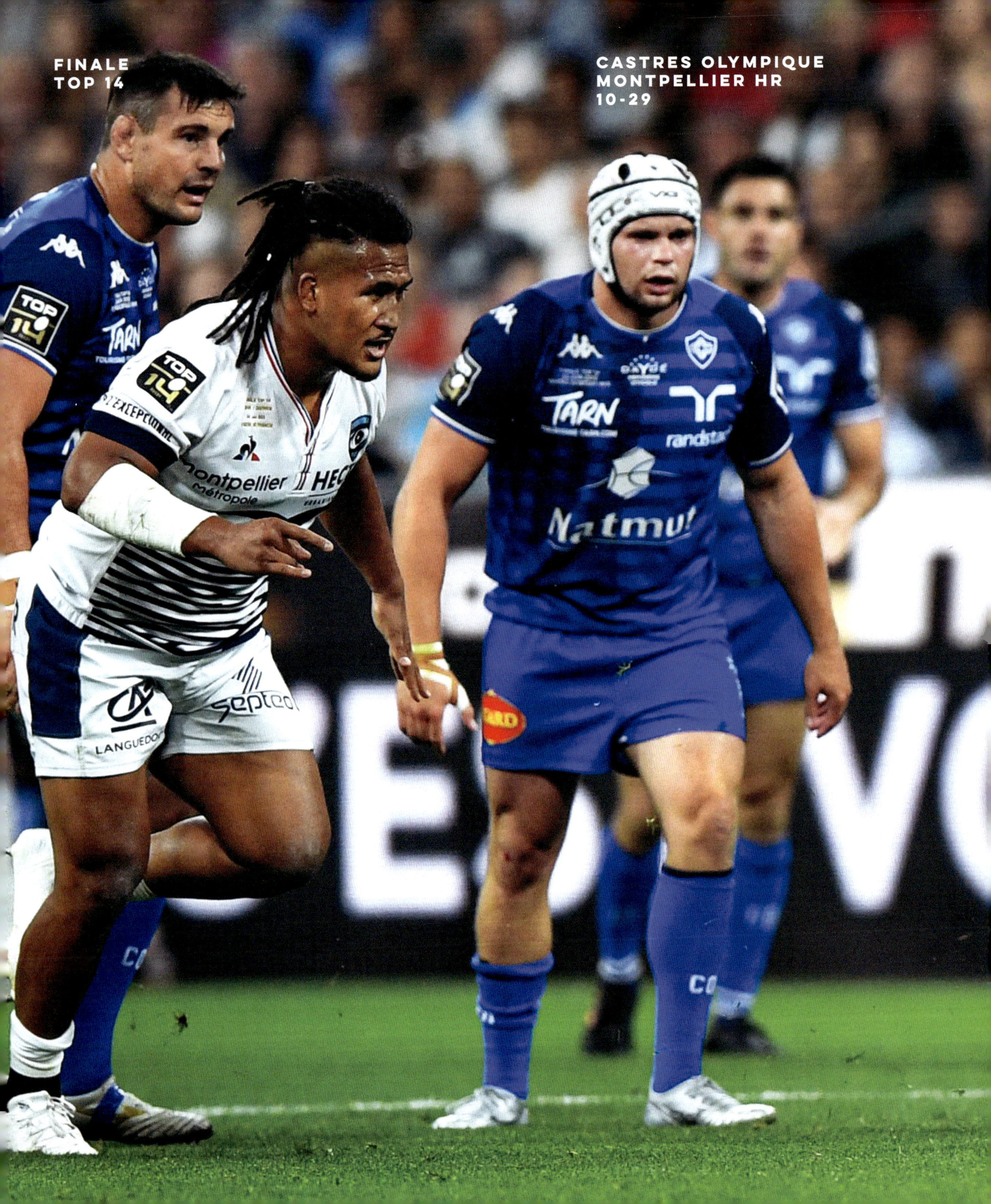

FINALE
TOP 14

CASTRES OLYMPIQUE
MONTPELLIER HR
10-29

24 JUIN 2022
STADE DE FRANCE
SAINT-DENIS

THOMAS COMBEZOU,
la poudre d'escampette

PIERRE-HENRY BRONCAN
ENTRAÎNEUR DU CASTRES OLYMPIQUE

« ON VA CONTINUER À TRAVAILLER DUR »

QUE RETENIR DE CETTE ANNÉE QUI AURA VU CASTRES FINIR 1ER DE LA SAISON RÉGULIÈRE?

Notre régularité. Il n'y a eu que peu de matchs au cours desquels nous sommes passés complètement à côté… Il y en a eu bien sûr, mais nous avons été assez réguliers dans la performance et dans le travail. C'est aussi ça que je retiens : pendant toute une année, les gars ont travaillé dur, peu importent les conditions. On a travaillé toujours avec beaucoup de monde à l'entraînement, parce que nous avons finalement eu très peu de blessés. Tout le monde a fait les efforts : que ce soient les joueurs du groupe ou ceux qui n'y étaient pas, mais qui ont toujours permis d'avoir des entraînements de qualité et de faire progresser l'équipe. Cette régularité a été importante.

LES PREMIÈRES MINUTES EN FINALE NE SONT-ELLES PAS LES SEULES DE LA SAISON OÙ CASTRES N'AURA PAS MONTRÉ SON VRAI VISAGE?

Oui, la frustration au bout de cette saison vient des quinze premières minutes de cette finale lors desquelles nous n'avons pas été bons. On a joué à l'envers. C'est ainsi. C'est dans ces moments-là que l'on apprend. Ça permet de comprendre les raisons de la défaite. Et ça rappelle que nous sommes obligés d'avoir une connexion parfaite entre nous sur le terrain, de rester dans le projet pour rivaliser.

VOUS AVEZ REJOINT CE CLUB ALORS QU'IL JOUAIT LE MAINTIEN POUR L'EMMENER AU STADE DE FRANCE. AVEZ-VOUS UN PLAISIR PERSONNEL À AVOIR FAIT BRILLER LA PATTE BRONCAN?

Sincèrement, non. Mon plaisir, c'est d'être parti d'une 13e place et d'avoir conduit Castres au Stade de France, en étant une équipe dure à jouer. On a développé nos joueurs dans différents secteurs : physiquement et rugbystiquement avec l'arrivée de David Darricarrère, qui a permis à notre ligne de trois-quarts de s'exprimer davantage. Aujourd'hui, on a une palette assez large. Des joueurs ont grandi, ont

24 JUIN 2022
STADE DE FRANCE
SAINT-DENIS

passé un cap et sont proches de la sélection nationale. Mon seul plaisir est de travailler avec ce staff, ces joueurs-là, et de se dire ensemble que l'on va continuer à travailler dur.

C'ÉTAIT LA QUATRIÈME FINALE DE CASTRES DEPUIS 2013. EST-CE LE SIGNE QU'IL Y A TOUJOURS LA PLACE POUR UN CLUB COMME LE VÔTRE DANS CE TOP 14?

Tant mieux. Mais il ne faut quand même pas oublier que cela faisait quatre ans que le CO n'avait plus goûté à la phase finale. Depuis le titre de 2018, on n'y était plus. C'était important d'y revenir, ne serait-ce que de se qualifier dans le Top 6, raté de peu il y a un an. C'est important pour le projet du club, la continuité, se dire que l'on continue à être sur le bon chemin quant au sportif, qu'il s'agisse du rugby, de la formation, du développement des joueurs et de l'équipe. Notre territoire avait besoin de phase finale.

VOUS AVIEZ ENTRAÎNÉ AUCH EN TOP 14 EN 2007. QUINZE ANS PLUS TARD, MESUREZ-VOUS À QUEL POINT CE CHAMPIONNAT EST ENCORE PLUS EXIGEANT ET CONCURRENTIEL?

Auch, c'était alors mon premier club professionnel. À l'époque, il y avait Montauban, Dax, Auch, Bayonne, Brive, Albi, Castres. On était davantage dans un rugby de petites et moyennes villes que de grandes métropoles. Aujourd'hui, on se rend compte que le rugby a basculé. Qui restera-t-il en 2022-2023? Bayonne, Brive, Castres… L'évolution du rugby est là : il y a eu l'émergence des métropoles avec des grands moyens financiers, des squads de joueurs de plus en plus fournis. Et des grands clubs, qui étaient des petites villes, ont disparu.

Faire exister Castres à ce niveau, c'est notre but, donner la chance à cette petite ville d'avoir un club en Top 14 et, au-delà de ça, vivre des phases finales. C'est extraordinaire pour une ville comme Castres. Rendez-vous compte qu'il y avait 10 000 personnes au Stade de France et 10 000 rassemblées en ville sur la place Pierre-Fabre pour regarder la finale. Sur une ville de 40 000 habitants, plus de la moitié était monopolisée par le CO. C'est une motivation pour nous. C'est pour ça que l'on joue et que l'on s'entraîne.

ONZE ANS APRÈS

C'ÉTAIT L'IMAGE TOUCHANTE DE LA FINALE 2011 REMPORTÉE PAR TOULOUSE DEVANT MONTPELLIER. AU BOUT DES QUATRE-VINGTS MINUTES, IL Y A EU CE PLAN DE L'ENTRAÎNEUR TOULOUSAIN JEAN-BAPTISTE ELISSALDE RÉCONFORTANT LE DEMI DE MÊLÉE DU MHR BENOÎT PAILLAUGUE. DES AMIS AVANT D'ÊTRE DES ADVERSAIRES.

ONZE ANS PLUS TARD, ILS ONT GAGNÉ ENSEMBLE. ET JEAN-BAPTISTE ELISSALDE EST REVENU SUR CETTE ACCOLADE ET CE TITRE CONQUIS AVEC BENOÎT PAILLAUGUE. « LE DESTIN A VOULU QUE JE SOIS ARRIVÉ À MONTPELLIER, CE N'ÉTAIT PAS ÉCRIT… UNE FOIS QUE JE SUIS ARRIVÉ AU MHR, C'ÉTAIT L'UN DES LEVIERS DE MA MOTIVATION : GAGNER LE BRENNUS. JE NE PENSAIS PAS QUE ÇA ARRIVERAIT AUSSI VITE, NI QUE BENOÎT PARTIRAIT À LA FIN DE LA SAISON… ON EN A PARLÉ AVEC LES JOUEURS À LA REMISE DES MAILLOTS DE LA DEMI-FINALE, DE CETTE HISTOIRE QUI ÉTAIT LA NÔTRE AVEC BENOÎT. ILS M'ONT BRANCHÉ À ME DIRE QU'IL ÉTAIT MON FILS, MON PETIT FRÈRE…

BENOÎT, C'EST MA FAMILLE. NOS PÈRES ONT PARTAGÉ DES CHOSES ENSEMBLE. PETIT, IL ÉTAIT TOUJOURS AUTOUR DE MOI À M'ENVOYER DES BALLONS AU STADE. C'EST QUELQU'UN QUE JE CONNAIS DEPUIS LONGTEMPS.

JE LEUR AI EXPLIQUÉ QUE ONZE ANS PLUS TÔT, J'ÉTAIS ALLÉ CONSOLER BENOÎT AU LIEU DE FÊTER MON TITRE. ET QUE CETTE FOIS, ÇA SERAIT BIEN QUE L'ON PLEURE DE JOIE. ÇA, ON SE LE DISAIT SURTOUT ENTRE NOUS DEUX. JE NE SAIS PAS SI LES MOTS QUE J'AI EUS POUR BENOÎT EN 2011 L'ONT GUIDÉ. IL NE ME L'A PAS DIT, MAIS J'AURAIS TENDANCE À PENSER QUE OUI, UN PEU, QUAND MÊME.

EN 2011, JE ME SUIS MIS À LA PLACE DE BENOÎT : IL VENAIT DE RENTRER, MONTPELLIER AVAIT DÉJÀ CONCÉDÉ UNE VINGTAINE DE PÉNALITÉS, IL A FAIT LA FAUTE DE TROP QUI LUI A COÛTÉ UN CARTON JAUNE… IL ÉTAIT TOUT JEUNE, IL ÉTAIT LÀ POUR LA PREMIÈRE FOIS. MOI, JE VIVAIS MA PREMIÈRE ANNÉE D'ENTRAÎNEUR, MAIS J'AVAIS DÉJÀ GAGNÉ LE BRENNUS COMME JOUEUR. IL ME PARAISSAIT NORMAL DE LE CONSOLER AVANT

24 JUIN 2022
STADE DE FRANCE
SAINT-DENIS

BENOÎT PAILLAUGUE, tout frais champion de France

DE FÊTER LE TITRE DEVANT SES YEUX. C'EST DU RESPECT, DE L'ÉDUCATION. JE N'AI PAS RÉFLÉCHI : J'ÉTAIS HEUREUX MAIS, AVANT D'EXPRIMER MA JOIE, JE VOULAIS LE VOIR.

CETTE HISTOIRE REND CE TITRE ENCORE PLUS BEAU. À LA FIN DU MATCH CONTRE CASTRES, JE SUIS ALLÉ CHERCHER MON FILS ET MON PÈRE : JE VOULAIS QU'ILS SOIENT LÀ AVEC MOI. ON S'EST ASSIS, ON A REGARDÉ ÇA DE LOIN. J'AI REVU BENOÎT UNE DEMI-HEURE APRÈS AU VESTIAIRE. IL ÉTAIT ENCORE EN TRAIN DE PLEURER. ON S'EST PRIS DANS LES BRAS ET ON A REPENSÉ À CE MOMENT-LÀ. C'ÉTAIT BIEN. C'ÉTAIT UN BEAU MOMENT. »

FINALE
TOP 14

CASTRES OLYMPIQUE
MONTPELLIER HR
10-29

24 JUIN 2022
STADE DE FRANCE
SAINT-DENIS

FULGENCE OUEDRAOGO ET GUILHEM GUIRADO, le Brennus entre de bonnes mains

L'EXPLOIT IRLANDAIS

Six ans après avoir battu la Nouvelle-Zélande pour la première fois de son histoire (40-29, à Chicago, le 5 novembre 2016), l'Irlande signe un nouvel exploit en remportant sa première tournée sur la terre des All Blacks. Le XV du Trèfle, par la même occasion, pointe en tête du classement mondial de World Rugby à la fin de la saison, au nez et à la barbe des Bleus qui la terminent, eux, invaincus.

Au pays du long nuage blanc, la performance des hommes d'Andy Farrell se décline en trois actes. Le 2 juillet, la Nouvelle-Zélande les punit dans son antre de l'Eden Park d'Auckland (42-19), où elle reste invincible depuis… 1994! Outrageusement dominés par les Verts lors du premier quart d'heure, qui prennent rapidement le score grâce à un essai de Keith Earls, les All Blacks infligent ensuite 6 essais cinglants aux représentants de l'hémisphère nord.

Le deuxième acte se joue à Dunedin une semaine plus tard. Cette fois encore, les Irlandais frappent les premiers par un essai en force d'Andrew Porter, qui récidivera juste après la pause. À l'aube de ses 37 ans, l'inusable Jonathan Sexton se charge, lui, de sanctionner au pied (100 % de réussite) l'incroyable indiscipline des locaux, qui reçoivent deux cartons jaunes et un rouge en première période (7-10 à la mi-temps). Malgré les essais de Beauden Barrett et de Will Jordan, l'Irlande, acharnée en défense, remporte sa première victoire en Nouvelle-Zélande (12-23).

En dépit de ce fait d'armes, l'appétit des Verts reste vif. Le troisième acte se déroule le 16 juillet à Wellington. Il commence par un air de déjà-vu puisque l'Irlande prend les devants grâce à un essai de Josh van der Flier sur un ballon porté. La rencontre, à sens unique, voit les coéquipiers de Sexton – qui dépasse la barre symbolique des 1000 points en sélection – offrir un récital de fluidité, récompensé par 2 essais de Hugo Keenan et Robbie Henshaw. L'Irlande bascule largement en tête à la pause (3-22).

Touchés dans leur orgueil, les joueurs de Ian Foster déclenchent la foudre, en inscrivant 3 essais (Ardie Savea, Akira Ioane, Will Jordan) en deuxième période, revenant sur les talons des Verts à l'heure de jeu (22-25 à la 60e). Mais leur révolte est douchée par le quatrième essai irlandais marqué par Rob Herring. Solide, le XV du Trèfle tient la barre jusqu'au bout (22-32).

Après le XV de France en 1994, c'est la deuxième fois qu'une équipe de l'hémisphère nord remporte sa série de test-matchs en Nouvelle-Zélande.

JONATHAN SEXTON,
la tournée des grands-ducs

TOURN
D'ÉTÉ

IÉE

JAPON
FRANCE
23-42

2 JUILLET 2022
TOYOTA STADIUM
TOYOTA

DANY PRISO ET VIRIMI VAKATAWA, double rempart

**2 JUILLET 2022
TOYOTA STADIUM
TOYOTA**

LA TOURNÉE DES RECORDS

Début juillet, le XV de France ne fait pas le voyage au Japon pour rien : à la faveur de ses deux victoires contre les Brave Blossoms (23-42 et 15-20), il égale en effet son record de victoires consécutives (10) et grimpe pour la première fois à la 1re place du classement mondial de World Rugby. Un fait de gloire consécutif aussi aux défaites de la Nouvelle-Zélande contre l'Irlande (12-23), de l'Afrique du Sud face au pays de Galles (12-13) et de l'Australie contre l'Angleterre (17-25). Joie intense mais éphémère, puisque l'Irlande, double vainqueur des All Blacks, repasse devant les Bleus quelques jours plus tard. Le dernier revers des joueurs de Fabien Galthié remonte donc au 17 juillet 2021, à Brisbane (33-30), ultime étape de la tournée en Australie.

Par le passé, les Bleus avaient réussi une série de dix matchs sans défaite (neuf victoires et un nul) en 1986 et 1987. Quarante-deux joueurs ont participé à l'accomplissement de ce record, mais seuls deux Bleus ont joué lors des dix rencontres : le pilier Jean-Baptiste Gros et le talonneur Peato Mauvaka. Au total, cette saison, le XV de France a inscrit 313 points, soit 31 points par match en moyenne. Le buteur Melvyn Jaminet a marqué le plus de points (121) et Damian Penaud le plus d'essais (8).

Les Bleus seront-ils demain en mesure de battre le record de 18 victoires consécutives, établi par la Nouvelle-Zélande en 2016 et égalé par l'Angleterre en 2017? Après des retrouvailles avec les Wallabies le 5 novembre au Stade de France, la prochaine échéance majeure des Tricolores est fixée au 12 novembre 2022. Ils affronteront alors l'Afrique du Sud, championne du monde en titre, la seule nation majeure que la bande à Galthié n'a pas encore rencontrée.

En dépit du record de victoires à battre, le sélectionneur laisse pour cette tournée au Japon nombre de ses cadres au repos – dont la plupart des grands « Chelemards » du printemps – et se passe aussi des services des joueurs de Castres et de Montpellier, finalistes du Top 14. Il embarque ainsi un groupe de joueurs d'à peine plus de 23 ans et 6 sélections de moyenne.

Disputé à Toyota City sous une chaleur humide qui nécessite des pauses « fraîcheur » toutes les dix minutes, le premier test n'est qu'une formalité pour les Bleus – après une période accrochée (13-13 à la pause) – qui marquent 5 essais. Le second, à Tokyo, moins probant, voit les coéquipiers de Charles Ollivon menés au score (15-7 à la 60e), avant qu'ils ne s'imposent en fin de rencontre grâce à un essai de Baptiste Couilloud. Titulaire à l'arrière, le Racingman Max Spring (21 ans) fête aussi sa première sélection. Son coéquipier ciel et blanc Yoan Tanga, n° 8, se montre convaincant pour ses deux premières capes. Seize joueurs rentrent dans l'Hexagone sans avoir joué la moindre minute.

LE RETOUR DU GRAND CHARLES

Au Japon, Charles Ollivon retrouve sa place dans le XV de France et ses galons de capitaine, en l'absence d'Antoine Dupont, laissé au repos. En chef de bande d'une sélection rajeunie, le troisième ligne aile de Toulon ne manque pas son retour, lui que l'on n'a plus revu chez les Bleus depuis le Tournoi des 6 Nations 2021. Il dispute l'intégralité des deux tests-matchs face aux Nippons.

Victime d'une rupture du ligament croisé du genou gauche lors d'une rencontre de Top 14 à Castres le 5 juin 2021, le grand Charles (29 ans) avait repris la compétition neuf mois plus tard, le 12 mars, sur la pelouse de Montpellier. Trop juste pour prendre part au Grand Chelem. Mais dans les temps pour monter en puissance en fin de saison et convaincre le sélectionneur Fabien Galthié de son caractère de compétiteur.

Il faut dire que le Basque en a vu d'autres. Deux fractures de l'omoplate gauche après lesquelles il fut trop précipitamment donné mort pour le rugby. La première, en avril 2017, le prive de terrain jusqu'en août 2018. Le temps de jouer deux matchs, et rebelote. Même blessure, même opération. Le combat le plus âpre de sa carrière. Il revient une nouvelle fois et, en dix matchs à peine, persuade le staff des Bleus de l'inclure dans la liste des réservistes convoqués pour préparer la Coupe du monde 2019 au Japon. Non seulement Ollivon fait un tabac lors des deux matchs de préparation face à l'Écosse, mais il valide en plus son billet pour le Mondial, au cours duquel il sera titulaire de bout en bout.

Galthié aime la ténacité de cet ancien grand corps malade. Invité à diriger les Barbarians britanniques le 19 juin, pour un match contre l'Angleterre à Twickenham, le sélectionneur des Bleus profite de ce rendez-vous de prestige pour relancer Ollivon, l'un des dix Français titulaires au coup d'envoi, auquel il confie le capitanat. À la 24e minute, le double mètre de l'enfant de Saint-Pée-sur-Nivelle (Pyrénées-Atlantiques) intercepte le ballon sur ses 22 mètres, déploie ses grands compas et traverse le terrain pour marquer entre les poteaux. Les Barbarians se baladent face aux Anglais (21-52) et le grand Charles boucle déjà sa valise pour Tokyo.

Depuis Marcoussis, Ollivon confie qu'il a retrouvé les Bleus comme il les avait laissés : « *Pas mal de choses sont restées intactes. Le staff et l'équipe vont encore plus loin dans le détail, plus vite, et le niveau continue d'augmenter. C'est une motivation supplémentaire pour progresser et retrouver ce groupe pour les échéances à venir.* » En son absence, la troisième ligne du XV de France François Cros-Grégory Alldritt-Anthony Jelonch a marqué les esprits. Elle ne sera pas facile à déloger. Mais à Charles Ollivon, tout paraît possible.

9 JUILLET 2022
NATIONAL STADIUM
TOKYO

CHARLES OLLIVON,
expert du come-back

MERCI COUILLOUD !

UN COUP DE TONNERRE SAUVE LA TOURNÉE DU XV DE FRANCE AU JAPON. À LA 70E MINUTE DU DEUXIÈME TEST-MATCH FACE AUX BRAVE BLOSSOMS, ALORS QUE LES BLEUS SONT MENÉS AU SCORE (15-13), BAPTISTE COUILLOUD BONDIT DE DERRIÈRE SA MÊLÉE ET FILE À TOUTE VITESSE APLATIR ENTRE LES POTEAUX. LE DEMI DE MÊLÉE, QUI AVAIT REMPLACÉ MAXIME LUCU À LA 50E, PROFITE DE L'ÉNORME TRAVAIL DE L'AXE DROIT DE L'ÉDIFICE TRICOLORE – COMPOSÉ À CE MOMENT DE LA PARTIE DE SIPILI FALATEA ET DE THIBAUD FLAMENT – QUI OUVRE UNE BRÈCHE DANS LA DÉFENSE NIPPONE.

MEILLEUR MARQUEUR DU TOP 14 CETTE SAISON (11 ESSAIS), COUILLOUD (24 ANS) CONFIRME SES QUALITÉS DE FINISSEUR. « FAIRE PARTIE DE CETTE SÉLECTION, C'EST UN BEL ACCOMPLISSEMENT PARCE QU'ON SAIT QUE LA CONCURRENCE EST RUDE, SE RÉJOUIT-IL. SUR CES DEUX MATCHS, J'AI EU DU TEMPS DE JEU, J'AI PU M'EXPRIMER ET C'ÉTAIT IMPORTANT POUR MOI D'AVOIR CETTE OPPORTUNITÉ-LÀ. » NUMÉRO TROIS DANS LA HIÉRARCHIE DU POSTE, LE JOUEUR DU LOU A MARQUÉ DES POINTS LORS DE CETTE TOURNÉE, ÉCARTANT SANS DOUTE LA CONCURRENCE DE BAPTISTE SERIN ET DU JEUNE NOLANN LE GARREC.

DANS CE SECOND MATCH DISPUTÉ AU STADE OLYMPIQUE DE TOKYO, LES BLEUS TREMBLENT MALGRÉ TOUT JUSQU'AU BOUT. À LA SUITE D'UNE TOUCHE, TEVITA TATAFU CROIT MARQUER L'ESSAI DE LA VICTOIRE POUR LES BRAVE BLOSSOMS. MAIS, APRÈS AVOIR FAIT APPEL À LA VIDÉO, L'ARBITRE MIKE ADAMSON LE REFUSE POUR UN EN-AVANT COMMIS AU MOMENT D'APLATIR DU JAPONAIS, POUSSÉ À LA FAUTE PAR UN GESTE DÉFENSIF DE YORAM MOEFANA.

9 JUILLET 2022
NATIONAL STADIUM
TOKYO

BAPTISTE COUILLOUD,
dans les bons coups

JAPON
FRANCE
15-20

9 JUILLET 2022
NATIONAL STADIUM
TOKYO

JAPONAIS ET BLEUS,
au top du fair-play

REMERCIEMENTS

À Guilhem Guirado pour sa préface et le temps qu'il nous a consacré

CE LIVRE A ÉTÉ CONÇU ET RÉALISÉ PAR WWW.DECALAGEMAG.COM

CRÉDITS PHOTOGRAPHIQUES

Photos : **JULIEN POUPART**

Sauf : p. 69 : Alex Martin / Presse Sports ; p. 79 : Presse Sports ; p. 95 : Frédéric Porcu / Presse Sports ; p. 96-101 : ADVP ; p. 103 : DR ; p. 104-113 : Étienne Garnier / Presse Sports ; p. 115 : Brett Phibbs / Photosport / INPHO / Presse Sports ; p. 116-121 : Frédéric Lancelot / Presse Sports ; p. 124-133 : Nicolas Luttiau / Presse Sports – Frédéric Porcu / Presse Sports ; p. 135 : Juan Carlos Rojas / Picture Alliance / Presse Sports ; p. 136-153 : Antoine Bréard ; p. 142 : Alain Mounic / Presse Sports

Pour l'éditeur, le principe est d'utiliser des papiers composés de fibres naturelles, renouvelables, recyclables et fabriquées à partir de bois issus de forêts qui adoptent un système d'aménagement durable. En outre, l'éditeur attend de ses fournisseurs de papier qu'ils s'inscrivent dans une démarche de certification environnementale reconnue.

PAPIER À BASE DE FIBRES CERTIFIÉES

hachette s'engage pour l'environnement en réduisant l'empreinte carbone de ses livres. Celle de cet exemplaire est de : **1,9 kg éq. CO_2** Rendez-vous sur www.hachette-durable.fr

Imprimé par PPO Graphic en France en août 2022.
Pour le compte des éditions Hachette Livre (Marabout) 58, rue Jean-Bleuzen, 92170 Vanves
Dépôt légal : septembre 2022
ISBN : 978-2-501-17109-0
5205865/01